U0658135

新时代职业教育课证融通新形态一体化教材

汽车电气构造与维修

主　编	齐方伟	马书亮	王明旭	
副主编	邱馨平	吕　娜	孙德惠	潘　云
	佟子鹤			
编　者	齐方伟	马书亮	王明旭	邱馨平
	吕　娜	孙德惠	潘　云	佟子鹤
	张春艳	郭大勇	石欢岩	黄靖宇
	曲志刚	郑　瑞	靳晓艳	
主　审	王　威			

西北工业大学出版社

西　安

【内容简介】 本书全面、系统地解析了汽车电气构造与维修相关内容,介绍了汽车总线技术、汽车电气设备、蓄电池、汽车交流发电机、汽车起动系统、汽车照明与信号系统及汽车辅助装置。

本书层次分明、条理清晰,使用了大量的图片及具体的实例,通俗易懂,实用性强。

本书可作为职业院校汽车电气构造与维修专业及其他汽车相关专业的教材,也可供汽车维修人员学习、参考。

图书在版编目(CIP)数据

汽车电气构造与维修 / 齐方伟,马书亮,王明旭主编. — 西安 : 西北工业大学出版社,2023.12
ISBN 978-7-5612-9121-4

Ⅰ. ①汽⋯ Ⅱ. ①齐⋯ ②马⋯ ③王⋯ Ⅲ. ①汽车-电气设备-构造-高等职业教育-教材 ②汽车-电气设备-车辆修理-高等职业教育-教材 Ⅳ. ①U472.41

中国国家版本馆 CIP 数据核字(2023)第 249717 号

QICHE DIANQI GOUZAO YU WEIXIU

汽 车 电 气 构 造 与 维 修

齐方伟 马书亮 王明旭 主编

责任编辑:高茸茸   策划编辑:孙显章
责任校对:陈 瑶   装帧设计:Bolinwenhua 博林文化
出版发行:西北工业大学出版社
通信地址:西安市友谊西路 127 号   邮编:710072
电   话:(029)88493844,88491757
网   址:www.nwpup.com
印 刷 者:西安五星印刷有限公司
开   本:787 mm×1 092 mm   1/16
印   张:11
字   数:260 千字
版   次:2023 年 12 月第 1 版   2023 年 12 月第 1 次印刷
书   号:ISBN 978-7-5612-9121-4
定   价:45.00 元

如有印装问题请与出版社联系调换

前 言 | PREFACE

近年来,随着经济的快速发展和人民生活水平的提高,我国机动车保有量持续快速增长,其中私人汽车拥有量增速明显。高速增长的汽车保有量使得社会对汽车专业人才的需求量迅速增大。工业和信息化部预计,到2025年,新能源汽修人才缺口率或达80%。本书系统地介绍了技能型高级汽车维修技术人员应具有的汽车电气构造、工作原理、维修、调试、故障诊断与排除等知识。本书突出"以能力培养为本位"的理念,采用项目工程、任务引领、问题探究、理实一体的编写模式,更加符合现代职业技术教育课程改革理念。本书注重科学借鉴国外职业教育经验,融入国际化教学元素。

本书内容深入浅出,系统地阐述了现代汽车电气构造及其工作原理、维修、调试、故障诊断与排除技术。全书共分为7个项目,涉及汽车电气系统原理、元件构造、系统元件功能、电路图、系统检修、故障诊断等内容。项目一为汽车总线技术,项目二为汽车电气设备,项目三为蓄电池,项目四为汽车交流发电机,项目五为汽车起动系统,项目六为汽车照明与信号系统,项目七为汽车辅助装置。

本书注重培养学生在以后职业生涯中的专业能力、方法能力和社会能力,旨在强化学生在信息收集、问题分析和故障诊断与排除方面所需的综合能力,强化学生依照检修标准、行业标准优化故障诊断工作流程及提高协调配合的工作能力,强化学生工作中自我控制、自我管理的能力,强化学生的团队精神、职业道德、安全环保和质量服务意识。本书语言精练,图文并茂,易学、易懂、易用,并且内容翔实,保证了汽车故障诊断与维修相关内容的完整性与系统性。

本书由吉林科技职业技术学院齐方伟、马书亮及长春市机械工业学校王明旭担任主编,吉林科技职业技术学院邱馨平、吕娜、孙德惠、潘云、佟子鹤担任副主编。全书由马书亮负责内容安排及统稿,具体编写分工如下:马书亮、曲志刚编写了项目一,马书亮、张春艳编写了项目二,邱馨平、吕娜、潘云、佟子鹤、郭大勇编写了项目三,齐方伟、孙德惠、石欢岩编写了项目四,王明旭、黄靖宇编写了项目五,王明旭、郑瑞、孙德惠编写了项目六,齐方伟、靳晓艳编写了项目七。

吉林科技职业技术学院教务处处长王威对全书进行了审核,在此表示感谢。

在编写本书的过程中参阅了相关文献,在此向其作者表示衷心的感谢。

由于笔者水平有限,书中难免存在不足之处,恳请各位专家、同行给予批评、指正。

编　者

2023 年 7 月

目录 | CONTENTS

项目一

汽车总线技术

学思课堂

　　高凤林是中国航天科技集团有限公司第一研究院211厂发动机车间的班组长,从业40多年来,他几乎都在做着同样一件事,即为火箭焊"心脏"——发动机喷管焊接。其中有的实验需要在高温下持续操作,焊件表面温度高达几百摄氏度,即使双手被烤得鼓起一串串水泡,高凤林仍咬牙坚持。自工作以来,100多枚长征系列运载火箭曾在他焊接的发动机的助推下成功飞向太空,这个数字占到我国长征系列火箭发射总数的一半以上。因为技艺高超,曾有人开出十分诱人的条件聘请他,但高凤林却说,我们的成果打入太空,这样的民族成就感是用金钱买不到的。他用几十年的坚守,诠释了一个航天工匠对理想信念的执着追求。

思维导图

```
                          ┌── 汽车总线技术定义
                          ├── 汽车总线特点
          汽车总线技术概述 ──┼── 汽车总线类型
                          ├── 总线系统构成
                          └── 诊断总线

                          ┌── LIN总线定义
                          ├── LIN总线系统的特点
          汽车LIN总线 ──────┼── LIN总线的网络结构组成
                          └── 奥迪A6L轿车LIN总线
汽车总线技术 ──
                          ┌── 汽车CAN总线定义
                          ├── CAN总线的组成
          汽车CAN总线 ──────┼── CAN数据传输过程
                          ├── CAN数据
                          └── CAN总线各系统控制单元组成

                          ┌── 红旗H5轿车数据总线传输优点
                          ├── 红旗H5轿车采用的数据总线
          红旗H5轿车总线应用 ┼── 红旗H5轿车CAN总线
                          └── 红旗H5轿车LIN总线
```

📖 **知识目标**

(1)掌握汽车总线的分类及应用情况;

(2)掌握汽车总线系统的工作原理。

👤 **能力目标**

能够使用诊断仪对汽车总线系统进行检测。

🔊 **项目导言**

　　一辆 2018 年生产的红旗 H5 轿车,行驶里程 50 000 km,用户反映该车左后电动车窗不能升降,经维修人员诊断确认,该故障是由汽车总线系统故障引起的,用户要求维修人员给予解析。汽车总线系统常见故障有 CAN-H、CAN-L 线搭铁,CAN-H、CAN-L 线断路,CAN-H、CAN-L 线和电源正极相接,这些故障一般是由舒适系统总线断路引起的。完成上述任务前必须掌握总线系统的结构及其故障诊断方法。

任务一　汽车总线技术概述 ⚙

一、汽车总线技术定义

　　车用总线是指汽车内部导线采用总线控制的一种技术,通常叫作汽车总线或汽车总线技术。

　　随着汽车技术的不断发展和在汽车上的广泛应用,汽车导线越来越多,于是人们就想通过总线将汽车上的各种电子装置与设备连成一个网络,实现相互之间的信息共享。这样既减少了线束,又可以更好地控制和协调汽车的各个系统,使汽车性能达到最佳。于是,汽车总线就顺其自然产生了。图 1-1-1 所示为计算机的应用。

　　汽车技术发展带来的诸多问题如下所述。

　　(1)汽车上电子装置越来越多,汽车的整体布置空间缩小。

　　(2)传统电气设备多为点到点通信,导致产生了庞大的线束。图 1-1-2 反映了汽车线束使用量的增长情况。

　　(3)大量的连接器导致可靠性降低。庞大的线束与汽车中有限的可用空间之间的矛盾越来越尖锐,其中电缆的体积、质量和可靠性的问题越来越突出,这不但成为汽车轻量化和进一步电子化的最大障碍,而且使得汽车的制造和安装变得非常困难。

　　(4)存在冗余的传感器。对比带有总线车辆(见图 1-1-3)和不带总线车辆(见图 1-1-4)的线束情况,就能很清晰地明白采用控制器局域网(CAN)总线的优势,即用线少、质量轻、空间小、接口简单、维修诊断方便等。

图 1-1-1　计算机的应用

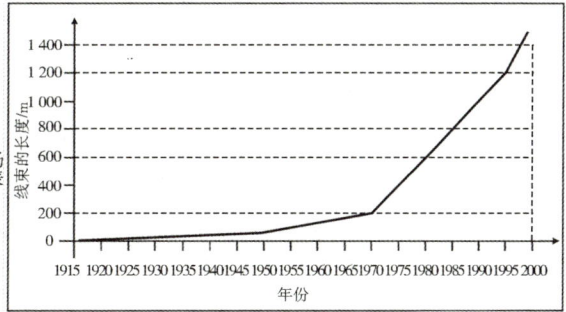

图 1-1-2　汽车线束使用量

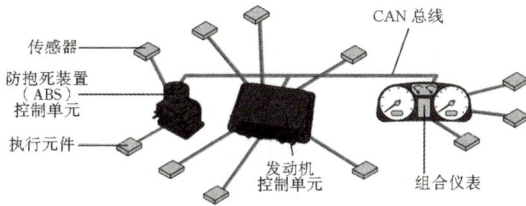

图 1-1-3　带有总线车辆的总线

图 1-1-4　不带总线的车辆

二、汽车总线特点

汽车总线的特点如下。

(1) 传输具有实时性。

(2) 传输过程的数据较简单(每一帧最多含 8 个字节的数据)。"帧"是影像动画中最小单位的单幅影像画面,相当于电影胶片上的一格镜头。我们通常所说的帧数,就是在 1 s 内传输的图片的数量,也可以理解为图像处理装置每秒能够刷新的次数。每一帧都是一幅静止的图像,快速连续地显示"帧"便形成了运动的假象,如电视图像等。

(3) 传输速率最大可达 1 Mb/s。

(4) 最多 110 个 CAN 节点,每个节点上可连有多个传感器和执行元件。

(5) 传输媒介使用双绞线。

(6) 拓扑结构为总线拓扑。

(7) 通过多种错误检测机制保证较高的传输安全性。

(8) 总线访问方式为多主结构。

(9) 与别的网络不同,CAN 总线上的工作站没有具体的地址,而是通过标识符确定各自的身份,同时标识符还决定了各工作站的优先级。

三、汽车总线类型

绝大多数车用总线都被美国汽车工程师协会(SAE)下属的汽车网络委员会按照协议特性

分为 A、B、C、D 四类。

1.A 类总线

A 类总线是面向传感器或执行器管理的低速网络,其传输速率通常为 10~125 kb/s,以局部连接网络(LIN)使网络设计规范化。LIN 是由摩托罗拉(Motorola)与奥迪(Audi)等知名企业联手推出的一种新型低成本的开放式串行通信协议,主要用于车内分布式电控系统,尤其是面向智能传感器或执行器的数字化通信场合。LIN 总线结构如图 1-1-5 所示。

2.B 类总线

B 类总线是面向独立控制模块间信息共享的中速网络,其传输速率一般为 125 kb/s~1 Mb/s,以 CAN 最为著名。CAN 网络最初是博世(BOSCH)公司为欧洲汽车市场所开发的,只用于汽车内部测量和执行部件间的数据通信,之后逐渐地发展成为完善的技术。B 类总线主要应用于车身电子的舒适型模块和显示仪表等设备中。CAN 总线结构如图 1-1-6 所示。

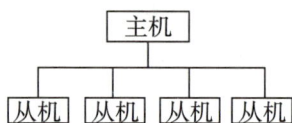

图 1-1-5　LIN 总线

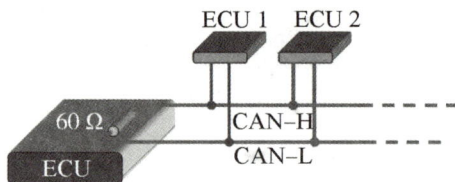

图 1-1-6　CAN 总线

3.C 类总线

C 类总线是面向闭环实时控制的多路传输高速网络,其传输速率多在 1~10 Mb/s 之间,主要用于车上动力系统中对通信的实时性要求比较高的场合,主要服务于动力传递系统。

4.D 类总线

D 类总线是面向多媒体设备、高速数据流传输的高性能网络,其传输速率一般在 10 Mb/s 以上,主要用于激光唱盘(CD)等播放机和液晶显示设备。其带宽范围相当大,用到的传输介质也有很多种。

表 1-1-1 所示为各类总线的传输速率及应用位置。

表 1-1-1　总线传输速率及应用位置

类别	传输速率	应用位置
A 类	10~125 kb/s(车身)	大灯、灯光、门锁、电动座椅等
B 类	125 kb/s~1 Mb/s(状态信息)	汽车空调、电子指示、故障诊断等
C 类	1~10 Mb/s(实时控制)	发动机控制、ABS、悬挂控制、线控转向等
D 类	10 Mb/s 以上	导航系统、多媒体娱乐等

四、总线系统构成

汽车总线系统主要由控制器、数据总线、网络、通信协议和网关(Gateway,简称 GW)五部分组成。

1. 控制器

控制器是探测信号与进行信号处理的电子装置。

2. 数据总线

数据总线是控制单元之间运行数据传递的通道,即所谓的信息"高速公路"。

3. 网络

局域网是在一个有限区域内连接的计算机网络,通过这个网络实现系统内的信息资源共享。汽车上的总线传输系统(车载网络)是一种局域网。

4. 通信协议

通信协议是制定的通信方法,取决于车辆要传输的数据、模块、传输速度。

5. 网关

网关使连接在不同的数据总线上的控制单元之间相互交换数据,在不改变数据的情况下,将驱动总线、舒适总线、信息娱乐总线及仪表总线的诊断信息传递到自诊断接口。图1-1-7所示为网关拓扑图,图1-1-8所示为网关结构图。

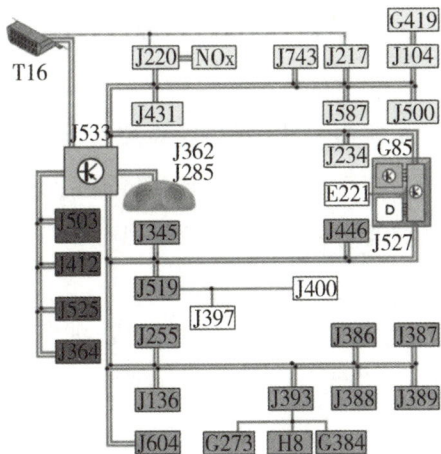

图 1-1-7　网关拓扑图

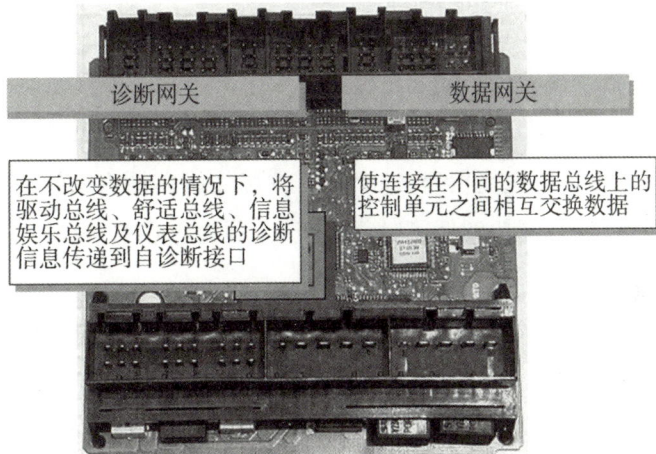

图 1-1-8　网关结构图

(1)网关的定义。网关是在采用不同体系结构或协议的网络之间进行互通时,用于提供协议转换、数据交换等网络兼容功能的设备。网关又称网间连接器、协议转换器,其在网络层上,用以实现网络互联,是最复杂的网络互联设备,仅用于两个高层协议不同的网络互联。网关不仅可以用于广域网互联,也可以用于局域网互联。

(2)网关的作用。

1)网关可以把局域网上的数据,比如第二代车载诊断系统(OBD Ⅱ)诊断数据转变成可以识别的确认字符(ACK),方便诊断。

2)网关可以实现低速网络和高速网络的信息共享。

3)与计算机系统中的网关作用一样,负责接收和发送信息。

4) 激活和监控局域网络的工作状态。

5) 实现汽车网络系统内数据的同步性。

6) 对信息标识符做翻译。

（3）网关的主要功能。

1) 15 正电再激活功能。动力总线系统在 15 正电关闭后,有些控制单元仍然需要交换信息。因此,在控制单元内部,用 30 正电激活控制单元内部的 15 正电,保证断电后信息的正常传递。再激活功能的时间大约在 10 s~15 min 之间。

2) 睡眠和唤醒模式的监控。当舒适总线和信息娱乐总线处于空闲状态时,控制单元发送出睡眠命令,当网关监控到所有总线都有睡眠的要求时,进入睡眠模式。此时,总线电压低位为 12 V,电压高位为 0 V。如果动力总线仍处于信息传递过程,舒适总线和信息娱乐总线是不允许进入睡眠状态的,当舒适总线处于信息传递的过程时,信息娱乐总线也不能进入睡眠模式。在某一个信息激活相应的总线后,控制单元会激活其他的总线系统。

3) 切换运输模式。在商品车运输到经销商之前,为了防止蓄电池过多放电,应当使车辆的耗能减少到最小,因此有些功能将被关闭。商品车在销售给用户前,必须用 VAS 5051 的自诊断功能关闭运输功能。运输模式在里程数低于 150 km 时,可以用网关来进行切换,当高于此值时,系统自动关闭运输模式。

4) 网关具有改变信息优先权的功能。例如,如果车辆发生碰撞事故,安全气囊控制单元就会发出负加速度信号,这个信号的优先级在动力系统总线中是非常高的,但在转到舒适系统车载网络后,网关调低了其优先级别,因为它在 CAN 舒适系统功能中,只是用于仪表盘显示安全气囊状态。

（4）网关接口。网关接口包括 CAN 总线诊断接口。它能连接不同类型的总线,如驱动 CAN 总线、舒适 CAN 总线、信息娱乐 CAN 总线、组合仪表 CAN 总线、诊断 CAN 总线等。

（5）网关的安装位置及其电路示例。

1) 奥迪 A8 乘用车网关 J533 将驱动 CAN 总线、舒适 CAN 总线、组合仪表 CAN 总线、诊断 CAN 总线、影音娱乐系统面向媒体的系统传输(MOST)总线及车距调节(自适应巡航)系统 CAN 总线(选装)等连接在一起,构成一个完整的汽车网络系统。图 1-1-9 所示为奥迪 A8 网关位置图。

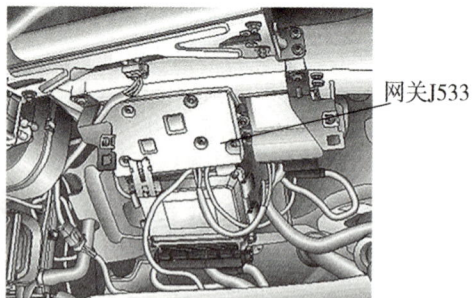

图 1-1-9　奥迪 A8 网关位置图

2) 奥迪 A3 乘用车网关 J533 将驱动 CAN 总线、舒适 CAN 总线、组合仪表 CAN 总线、信息娱乐 CAN 总线和诊断 CAN 总线等连接在一起,构成一个完整的汽车网络系统。图 1-1-10 所示为奥迪 A3 网关位置及拓扑图。

图 1-1-10　奥迪 A3 网关位置及拓扑图

3) 大众速腾的网关 J533 将驱动 CAN 总线、舒适 CAN 总线、信息娱乐 CAN 总线、组合仪表 CAN 总线和诊断 CAN 总线等连接在一起,构成一个完整的汽车网络系统。图 1-1-11 所示为大众速腾网关拓扑图。

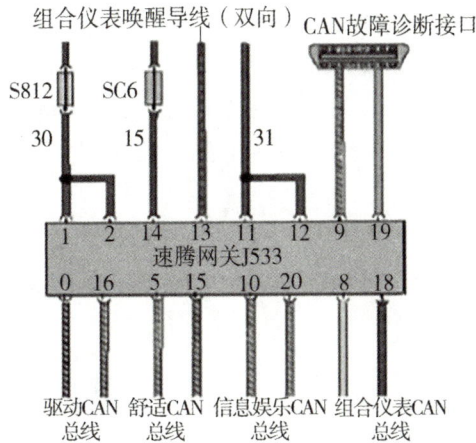

图 1-1-11　大众速腾网关拓扑图

五、诊断总线

1.K 诊断总线

2000 年以前,奥迪车系、大众车系使用 K 诊断总线(简称K线)传输故障信息。K 诊断总线用于汽车故障诊断仪与相应控制单元之间的信息交换,负责网关与故障诊断接口之间的通信。图 1-1-12 所示为 K 诊断总线的应用。

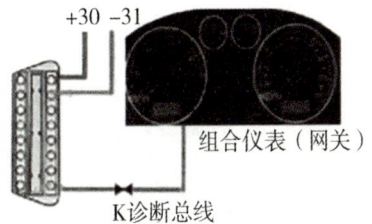

图 1-1-12　K 诊断总线的应用

2.诊断 CAN 总线

2000 年以后,奥迪车系、大众车系开始采用汽车诊断、测量和信息系统 VAS 5051 或汽车诊断和服务信息系统 VAS 5052 来进行自诊断,并通过诊断 CAN 总线完成诊断控制单元和车上其他控制单元之间的数据交换。图 1-1-13 所示为诊断 CAN 总线的应用。

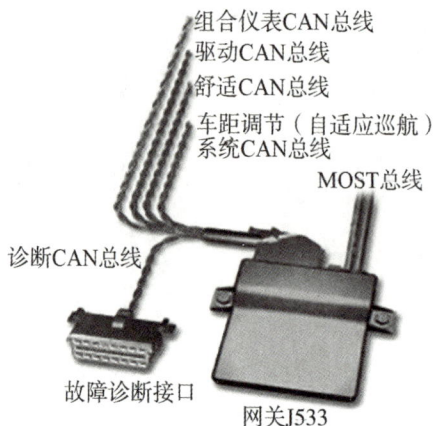

图 1-1-13　诊断 CAN 总线的应用

早期使用的诊断总线(K 线或 L 线)不再使用(与废气排放监控相关的控制单元除外),由诊断 CAN 总线取而代之。

诊断 CAN 总线是未屏蔽的双绞线。在全双工模式下,数据传输速率为 500 kb/s。在汽车网络系统中,各个控制单元的诊断数据经各自的数据总线传输到网关 J519 或 J533,再由网关利用诊断 CAN 总线传输到故障诊断接口。通过诊断 CAN 总线和网关的快速数据传输,诊断控制单元就可在连接到车上后快速显示出车上所装元件及其故障状态。

诊断 CAN 总线取代 K 诊断总线之后,对车上的故障诊断接口也做了改进,图 1-1-14 所示为新型诊断接口的插头布置。

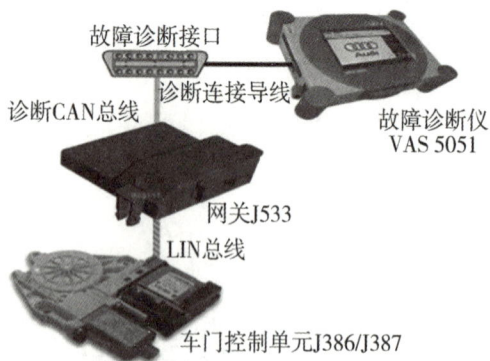

图 1-1-15 所示为汽车故障诊断仪 VAS 5051 与故障诊断接口连接示意图。从图中既可以看出诊断连接导线的作用(用于连接故障诊断接口和汽车故障诊断仪),又可以看出故障信息的传输过程。

图 1-1-14　新型诊断接口的插头布置

图 1-1-15　汽车故障诊断仪 VAS 5051 与故障诊断接口连接示意图

任务二　汽车LIN总线

一、LIN 总线定义

1.LIN 定义

LIN 是一个汽车底层网络协议。LIN 的目标是为现有汽车网络(例如 CAN 总线)提供辅助功能,因此,LIN 总线是一种辅助的串行通信总线网络,多用于不需要 CAN 总线的带宽和多功能的场合。LIN 的典型应用是车上传感器和执行器的联网。按 SAE 的车上网络等级标准,LIN 属于汽车上的 A 级网络。

LIN 诞生的时间比较短,在汽车上的应用才刚刚起步。从某种意义上来讲,LIN 就是 CAN 的经济版通信网络,它可以定位于低于 CAN 的通信层。LIN 总线的应用如图 1-2-1 所示。

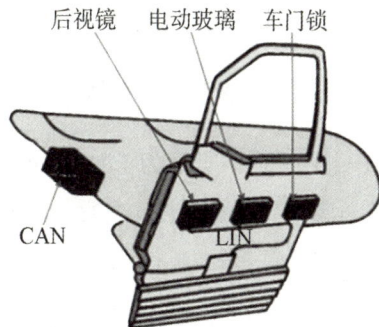

图 1-2-1　LIN 总线的应用

2.LIN 协议

LIN 协议是以广泛应用的 SCI(UART)[串行通信接口(通用异步接收发送设备)]为基础定义的,它支持与这类产品的连接。LIN 采用单主机/多从机带信息标识的广播式信息传输方式,网络节点根据在通信中的地位分为主节点和从节点。为了降低成本,在 LIN 网络中,从节点的同步不需要固定的时间基准。LIN 物理层是根据汽车故障诊断系统标准拟定的 12 V 单总线,满足汽车环境的电磁兼容(EMC)、静电放电(ESD)和抗噪声干扰要求。

LIN 总线的传输速率可达 20 kb/s。通常,一个 LIN 网络上的节点数目小于 12 个,共有 64 个标识符。

二、LIN 总线系统的特点

LIN 总线系统的特点如下。

(1)采用单主机/多从机结构。

(2)具有基于 UART/SCI 接口的廉价硬件实现。

(3)从节点无振荡器的自同步功能。

(4)可以保证延时和信号传输的正确性。

(5)采用价格低廉的单总线结构。

(6)数据传输速率为 20 kb/s。

(7)一帧信息中数据长度为 2 B、4 B 或 8 B。

(8)系统配置灵活。

（9）采用同步的广播式发送/接收方式。

（10）具有数据累加、校验及错误检测功能。

（11）具有故障节点的检测功能。

（12）采用价格低廉的单片元器件。

LIN 总线系统与其他网络系统的比较：在车上网络中，LIN 处于低端，与 CAN 及其他 B 级或 C 级网络比较，它的传输速率低、结构简单、价格低廉。由于汽车产品包括部件和整机，对价格和复杂性非常敏感，所以在汽车网络系统低端使用 LIN 会显现其必要性和优越性。

三、LIN 总线的网络结构组成

图 1-2-2 所示为 LIN 总线节点示意图。由图 1-2-2 可以看出，LIN 网络由一个主节点和多个从节点构成，主节点既可以执行主任务，又可以执行从任务，从节点只能执行从任务。总线上的信息传送由主节点控制。

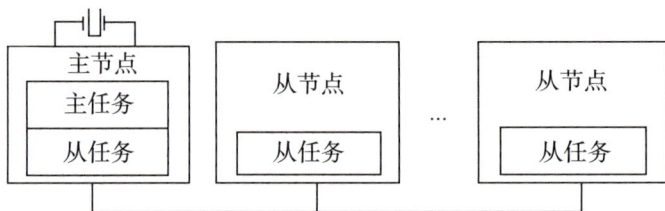

图 1-2-2　LIN 总线节点示意图

1.LIN 组成

一个 LIN 网络由一个主节点及一个或多个从节点组成。其通信任务分为发送任务和接收任务，主节点有一个主发送任务。LIN 网络上的通信总是由主节点的主发送任务所发起的，主控制单元发送一个起始报文，该起始报文由同步断点、同步字节、消息标识符所组成。相应地接收并且滤除消息标识符后，一个从任务被激活并且开始此消息的应答传输，该应答由 2/4/8 个字节数据和一个校验码组成。起始报文和应答部分构成一个完整的报文帧。

2.LIN 总线系统数据交换方式

LIN 总线系统中可以采用多种方式进行数据交换，主要有以下 3 种。

（1）由主节点到一个或多个从节点。

（2）由一个从节点到主节点或其他从节点。

（3）通信信号可以在从节点之间传播而不经过主节点，或者通过主节点广播消息到网络中的所有的从节点。

3.LIN 总线原理

在 LIN 总线系统中，加入新节点时，不需要其他从节点做任何软件或硬件的改动。

LIN 总线和 CAN 总线一样，传送的信息带有一个标识符，它给出的是这个信息的意义或特征，而不是这个信息传送的地址。LIN 总线系统的电气性能对网络结构有很大的影响。网络节点数不仅受标识符长度的限制,而且受总线物理特性的限制。在 LIN 总线系统中,建议节点数不超过 16 个,否则网络阻抗降低,在最坏工作情况下会发生通信故障。LIN 总线系统每增加一个节点,大约导致网络阻抗降低 3%。

图 1-2-3 所示为 LIN 总线节点接口。电源与 LIN 总线间二极管的作用是:当 V_{BAT} 为低时(本地节点断电或断路等),防止 LIN 总线驱动节点的电源线而导致总线负载大大增加。

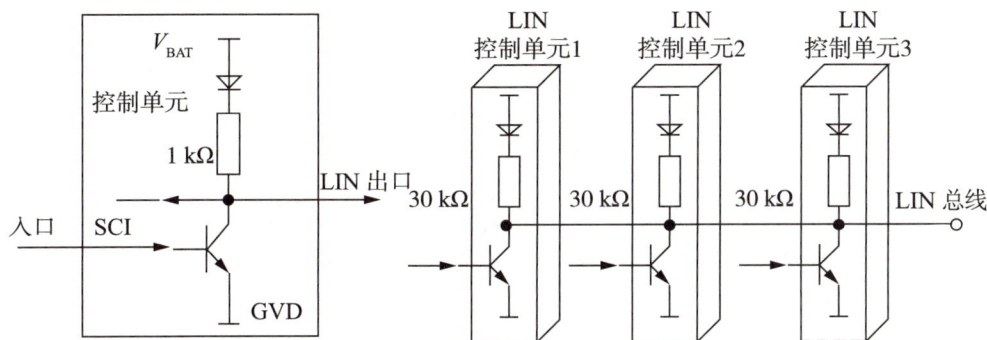

图 1-2-3 LIN 总线节点接口

4.LIN 总线波形

图 1-2-4 所示为 LIN 总线波形。LIN 系统支持休眠工作模式。当主节点向网络中发送一个休眠命令时,所有节点进入休眠状态,在被唤醒之前,总线上不会有任何活动。这时总线处于隐性状态,节点没有内部活动,驱动器处于接收状态。

图 1-2-4 LIN 总线波形(一)

四、奥迪 A6L 轿车 LIN 总线

在奥迪 A6L 轿车中,车上各个 LIN 总线系统之间的数据交换是由控制单元通过 CAN 数据总线实现的。

LIN 总线系统是单线式总线,底色是紫色,有标志色,该线的横截面面积为 0.35 mm²,无须屏蔽。该系统可让一个 LIN 主控制单元最多与 16 个 LIN 从控制单元进行数据交换。奥迪 A6L 轿车的 LIN 总线组成示意图如图 1-2-5 所示。

新鲜空气鼓风机
轮胎气压监控
空调
安全气囊
座椅占用识别
轮胎气压监控天线
脚坑辅助加热
ILM（后）
防盗装置喇叭
PTC加热
内部监控
轮胎气压监控天线
雨刮控制
ILM（司机侧）
转向柱开关模块
多功能方向盘

图 1-2-5　奥迪 A6L 轿车的 LIN 总线组成示意图

1.LIN 总线主控制单元

LIN 总线主控制单元连接在 CAN 数据总线上,执行 LIN 的主功能。其作用有:

(1)监控数据传递及其传输速率,发送信息标题。

(2)主控制单元的软件内已设定了一个周期,这个周期用于决定何时将哪些信息发送到 LIN 数据总线上,以及发送的次数。

(3)在 LIN 数据总线与 CAN 总线之间起沟通作用,是 LIN 总线系统中唯一与 CAN 数据总线相连的控制单元。

(4)通过 LIN 主控制单元进行与之相连的 LIN 从控制单元的自诊断。

图 1-2-6 所示为奥迪 A6L 轿车的 LIN 总线内部组成示意图。其中,两个主控制单元,一个用于空调控制单元,另一个用于前部车顶模块。挡风玻璃加热器、新鲜空气鼓风机和两个辅助加热器是空调控制单元中的从控制单元,太阳车顶电机是车顶模块中的从控制单元。

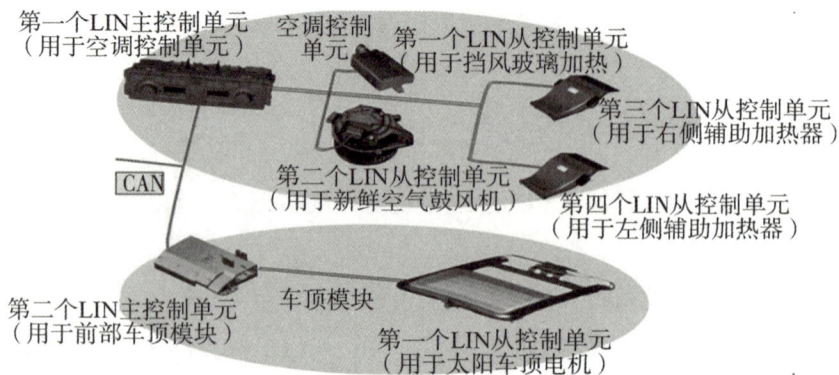

第一个LIN主控制单元（用于空调控制单元）
空调控制单元
第一个LIN从控制单元（用于挡风玻璃加热）
第三个LIN从控制单元（用于右侧辅助加热器）
第二个LIN从控制单元（用于新鲜空气鼓风机）
第四个LIN从控制单元（用于左侧辅助加热器）
CAN
第二个LIN主控制单元（用于前部车顶模块）
车顶模块
第一个LIN从控制单元（用于太阳车顶电机）

图 1-2-6　奥迪 A6L 轿车的 LIN 总线内部组成示意图

2.控制器

每个 LIN 总线最多可以连接 16 个从控制器,从控制器主要用于接收或传送与主控制器的查询或指定有关的数据。图 1-2-7 所示为奥迪 A6L 轿车 CAN、LIN 总线与从控制器示意图。

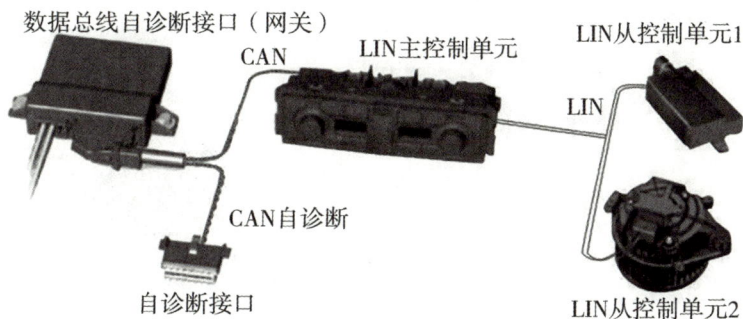

图 1-2-7　奥迪 A6L 轿车 CAN、LIN 总线与从控制器示意图

3.LIN 总线从控制单元

在 LIN 数据总线系统内,单个的控制单元(如新鲜空气鼓风机)或传感器及执行元件(如水平传感器及防盗警报蜂鸣器等)都可看作 LIN 从控制单元。图 1-2-8 所示为 LIN 总线主机与从机示意图。

注意:只有当 LIN 主控制单元发送出标题后,传感器和执行元件才会反应。

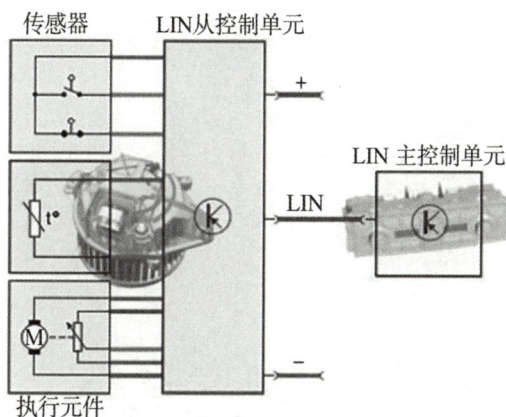

图 1-2-8　LIN 总线主机与从机示意图

传感器内集成有一个电子装置,该装置对测量值进行分析,数值是作为数字信号通过 LIN 总线传递的。有些传感器和执行元件只使用 LIN 控制单元插口上的一个引脚。

LIN 执行元件都是智能型的电子或机电部件,这些部件通过 LIN 控制单元的 LIN 数字信号接收任务。LIN 由控制单元通过集成的传感器来获知执行元件的实际状态,然后便可进行规定状态和实际状态的对比。

4.LIN 总线系统的数据传递与波形分析

（1）数据传递。LIN 总线系统的数据传递速率为 1~20 kb/s，在 LIN 控制单元的软件内已设定完毕，该速率最大能达到舒适 CAN 数据传递速率的 1/5。图 1-2-9 所示为 LIN 总线系统的数据传递示意图。

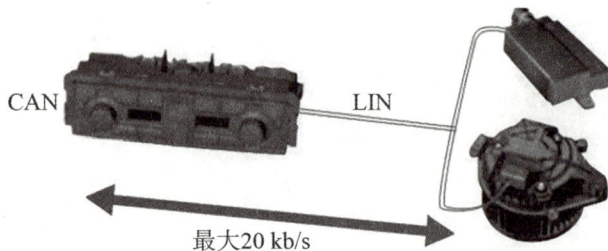

图 1-2-9　LIN 总线系统的数据传递示意图

（2）总线波形。LIN 总线波形的隐性电平和显性电平如图 1-2-10 所示。

1）隐性电平：如果无信息发送到 LIN 数据总线上或者发送到 LIN 数据总线上的是一个隐性位，那么数据总线导线上的电压就是蓄电池电压。

2）显性电平：为了将显性位传到 LIN 数据总线上，发送控制单元内的收发报机数据总线导线接地。

注意：由于控制单元内的收发报机有不同的型号，所以表现出的显性电平是不一样的。

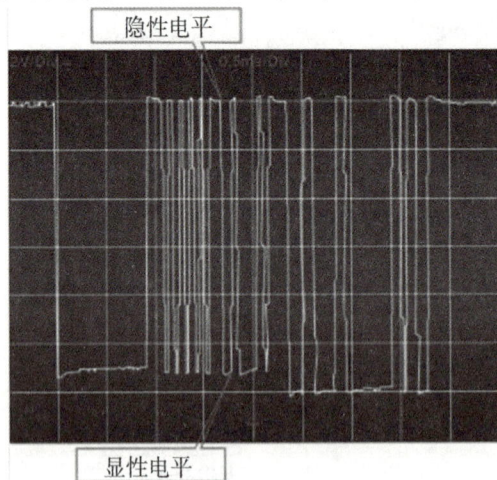

图 1-2-10　LIN 总线波形（二）

（3）波形分析。在隐性电平和显性电平的收发时，通过预先设定公差来保证数据传输的稳定性，图 1-2-11 所示为 LIN 总线发射波形。为了能在有干扰辐射的情况下仍能接收到有效的信号，接收时允许的电压值要稍高一些，图 1-2-12 所示为 LIN 总线接收波形。

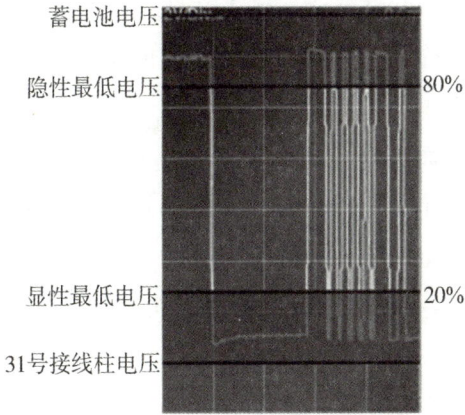

图 1-2-11　LIN 总线发射波形

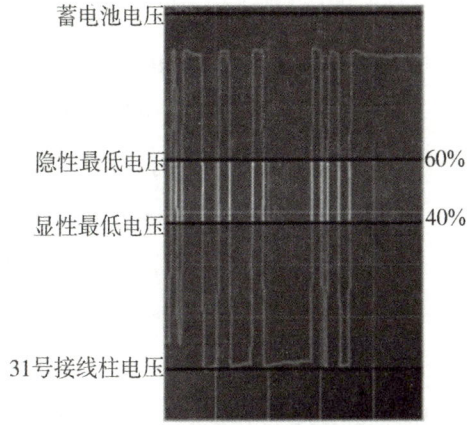

图 1-2-12　LIN 总线接收波形

图 1-2-13 所示为 LIN 总线主机、从机的信息波形图。LIN 主控制单元要求 LIN 从控制单元发送的信息标题内包含如开关状态或测量值这样一些信息,该回应由 LIN 从控制单元来发送。LIN 主控制单元通过标题内的标识符要求 LIN 从控制单元使用包含在回应内的数据,该回应由 LIN 主控制单元来发送。

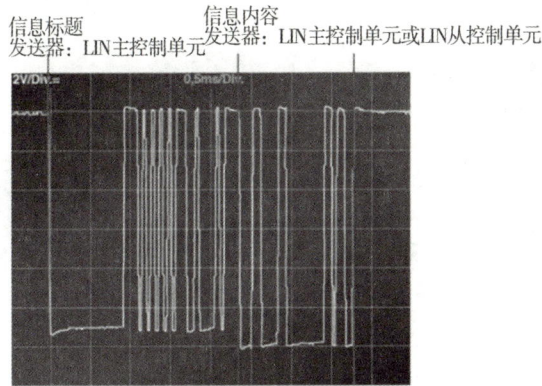

图 1-2-13　LIN 总线主机、从机的信息波形图

1)信息标题。信息标题由 LIN 主控制单元按周期发送。信息标题分为四部分:同步暂停区、同步分界区、同步区和识别区,如图 1-2-14 所示。

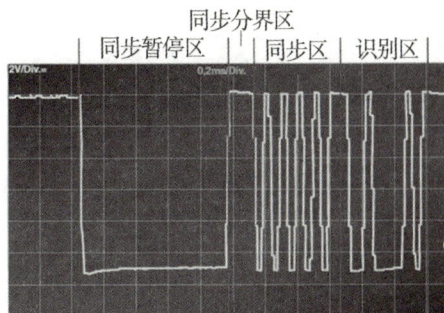

图 1-2-14　信息标题波形周期

A.同步暂停区:长度至少为 13 位(二进制),以显性电平发送。这 13 位的长度是必须的,这样才能准确地通知所有的 LIN 从控制单元有关信息的起始点情况。其他的信息是以最长为 9 位(二进制)显位来一个接一个传递的。

B.同步分界区:长度至少为一位(二进制),且为隐性电平。

C.同步区:由 0101010101 这个二进制位序构成,所有的 LIN 从控制单元通过这个二进制位序来与 LIN 主控制单元进行匹配(同步)。所有控制单元同步对于保证正确的数据交换是非常必要的。如果失去了同步性,那么接收到的信息中的某一数位值就会发生错误,该错误会导致数据传递错误。

D.识别区:长度为 8 位(二进制),前 6 位是回应信息识别码和数据区的个数。回应数据区的个数在 0~8 之间,后 2 位是校验位,用于检查数据传递是否有错误。当出现识别码传递错误时,校验可防止与错误的信息适配。

2)信息内容(回应)。对于带有从控制单元回应的信息,LIN 从控制单元会根据识别码给这个回应提供信息。图 1-2-15 所示为 LIN 总线回应信息示意图。

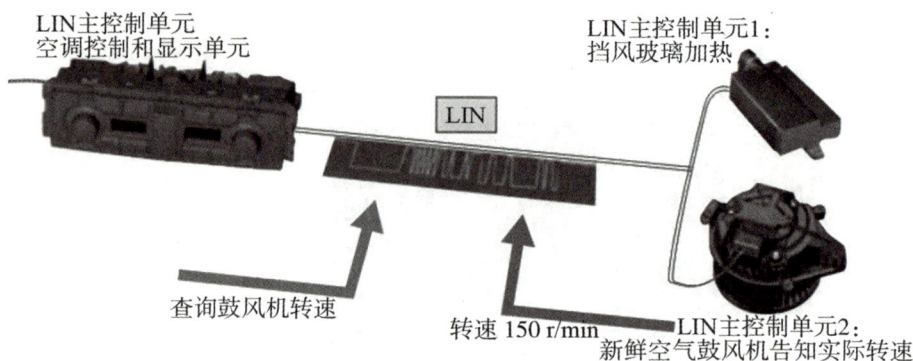

图 1-2-15 LIN 总线回应信息示意图

对于主控制单元带有数据请求的信息,LIN 主控制单元会提供回应。根据识别码的情况,相应的 LIN 从控制单元会使用这些数据去执行各种功能。图 1-2-16 所示为 LIN 总线执行信号示意图。

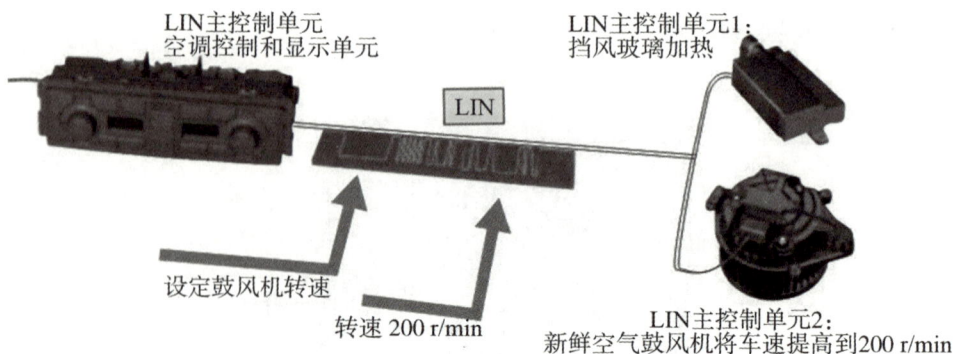

图 1-2-16 LIN 总线执行信号示意图

回应由 1~8 个数据区构成,每个数据区是 10 个二进制位,其中一位是显性起始位,包含有信息的字节,另一位是隐性停止位。起始位和停止位是用于再同步,从而避免传递错误的。图 1-2-17 所示为回应信号波形。

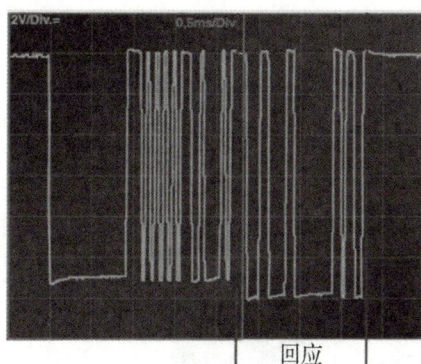

图 1-2-17　回应信号波形

3)信息的顺序。LIN 主控制单元的软件内已设定了一个顺序,LIN 主控制单元就按这个顺序将信息标题发送至 LIN 总线上(如主信息,发送的是回应)。常用的信息会多次传递。

LIN 主控制单元的环境条件可能会改变信息的顺序,如点火开关接通/关闭、自诊断已激活/未激活、停车灯接通/关闭。

为了减少 LIN 主控制单元部件的种类,主控制单元将控制单元的信息标题发送到 LIN 总线上。如果没有安装专用设备控制单元,那么在示波器屏幕会出现没有回应的信息标题,但这并不影响系统的功能。图 1-2-18 所示为信号顺序。

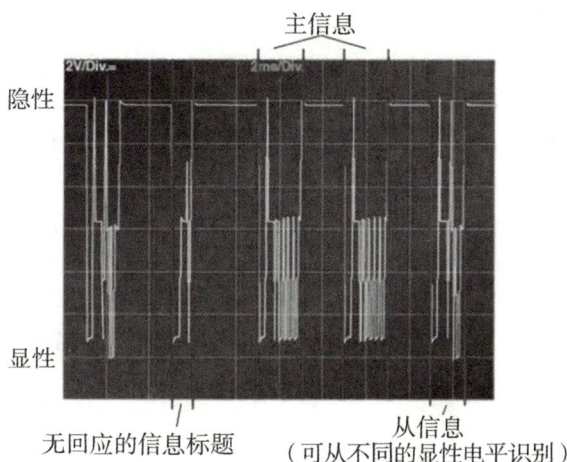

图 1-2-18　信号顺序

5.奥迪 A6L 防盗系统中的 LIN 总线系统

奥迪 A6L 防盗系统中的 LIN 总线系统如图 1-2-19 所示。只有在 LIN 主控制单元发送出带有相应识别码的信息标题后,数据才会传到 LIN 总线。由于 LIN 主控制单元对所有信息进行全面监控,所以能够对车外的 LIN 导线进行控制。LIN 从控制单元只能回应,这样就不会通过 LIN 总线而打开车门了。这种布置使得在车外安装 LIN 从控制单元(如在前保险杠内的车库门开启控制单元)成为可能。

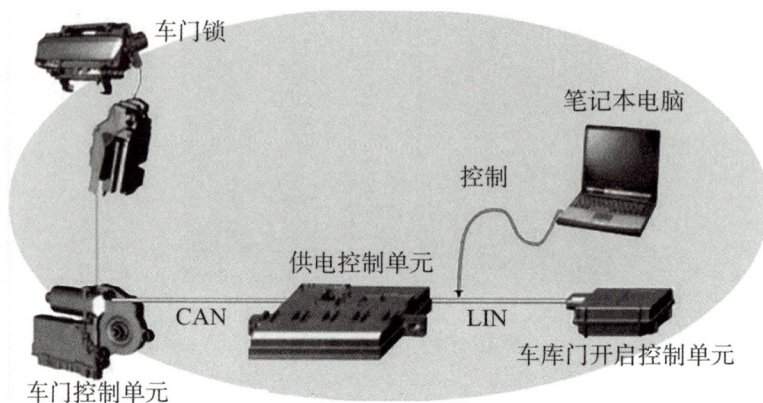

图 1-2-19　奥迪 A6L 防盗系统中的 LIN 总线系统

任务三　汽车CAN总线

一、汽车 CAN 总线定义

1.CAN 定义

CAN 是 Controller Area Network 的缩写,称为控制器局域网,它是车用控制单元传输信息的一种传送形式。CAN 总线协议为串行通信协议,能有效地支持具有很高安全等级的分布实施控制。

2.数据总线定义

采用 CAN 总线系统的车辆,不管有多少块控制单元,不管信息容量有多大,都只需引出两条导线同时接在两个节点上,这两条导线就称作数据总线。以前各控制单元之间好比许多人骑着自行车来来往往,而现在好比都乘坐公共汽车,公共汽车可以运输大量乘客,故数据总线亦称 BUS 线。

二、CAN 总线的组成

CAN 总线系统由 1 个控制器、1 个收发器、2 个数据终端电阻和 2 条数据传递线构成。图 1-3-1所示为 CAN 总线结构。

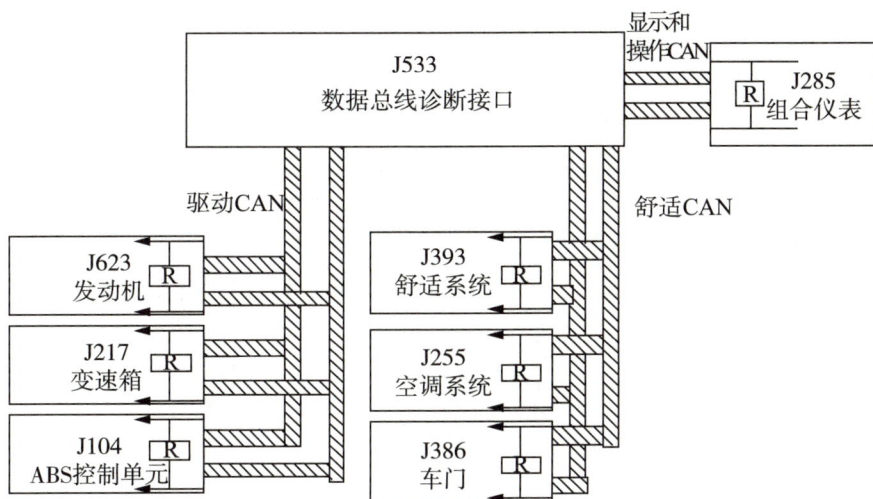

图 1-3-1 CAN 总线结构

1.控制器

CAN 控制器的作用是接收控制单元中的微处理器发出的数据,处理数据并传给 CAN 收发器,同时,CAN 控制器接收收发器收到的数据,处理数据并传给微处理器。

2.收发器

收发器是接收器和发射器的组合,它将 CAN 控制器的数据转化为电信号并通过数据线发送出去,同时,接收总线数据并发送给 CAN 控制器。

3.数据终端电阻

数据终端电阻是一个电阻器,其作用是阻止数据在传输结束时被反射回来并产生反射波(这样将破坏数据)。

4.数据传递线

数据传递线是用于传输数据的双向数据线,分为 CAN-H 数据线和 CAN-L 数据线。数据通过数据总线发给各控制单元,各控制单元接收后进行计算。为了防止外界电磁波干扰和向外辐射,CAN 总线采用两条导线缠绕在一起,如图 1-3-2 所示。两条线的电位是相反的,如果一条线的电压是 5 V,那么另一条线的电压就是 0 V,两条线的电压和总等于常值。通过这种方法,CAN 总线得到保护而免受外界电磁场干扰,同时 CAN 总线向外辐射也保持中性,即无辐射。

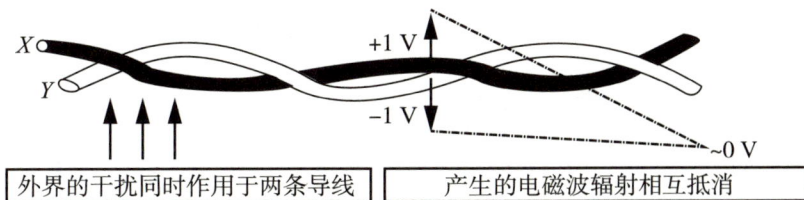

图 1-3-2 CAN 总线

三、CAN 数据传输过程

图 1-3-3 所示为 CAN 数据传输过程示意图。

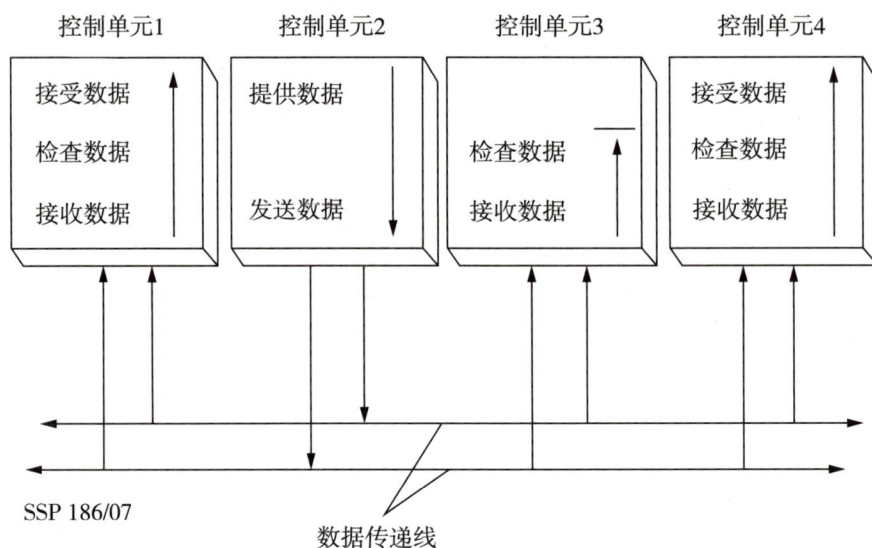

图 1-3-3　CAN 数据传输过程示意图

1.提供数据

控制单元向 CAN 控制器提供需要发送的数据。

2.发送数据

CAN 收发器向 CAN 控制器提供发送的数据,并转为电信号发送。

3.检查数据

控制单元检查判断所接收的数据是否是控制单元所需要的数据。

4.接收数据

如果接收的数据重要,它将被接受并进行处理,否则,忽略处理。

5.CAN 的数据分配

如果多个控制单元需要同时发送各自数据,那么系统就必须决定哪个控制单元首先进行发送,其中具有最高优先权的数据首先被发送。基于安全考虑,安全气囊和制动系统的信号尤为主要。

四、CAN 数据

1.CAN 数据的组成

图 1-3-4 所示为 CAN 数据结构。

(1)开始域:标志数据的开始,由 1 位数据构成。

（2）状态域：判定数据中的优先权，由 11 位数据构成。

（3）检查域：显示在数据中所包含的信息数据，由 6 位数据构成。

（4）数据域：信息被传递到其他控制单元，最大由 64 位数据构成。

（5）安全域：检查传递数据中的错误，由 16 位数据构成。

（6）确认域：反映接收器通知发送器是否已正确接收到数据，由 2 位数据构成。

（7）结束域：标志着数据报告结束，由 7 位数据构成。

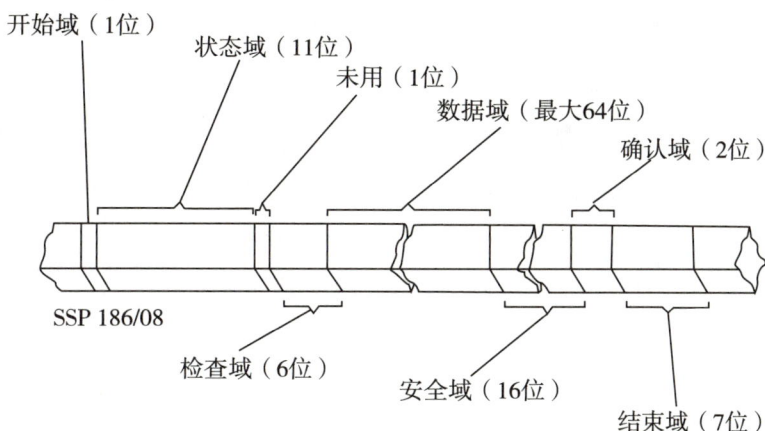

图 1-3-4　CAN 数据结构

2.CAN 数据的产生

CAN 控制器内部都安装了 CAN 控制芯片及控制电路，在控制芯片和控制电路作用下，CAN 控制器会产生高电位信号和低电位信号，高电位信号用数字"1"表示，低电位信号用数字"0"表示。数据传递过程中的传递信号就是高电位信号和低电位信号，可以使用二进制代码"1"和"0"进行表示。位值为"1"的状态，发送器打开，传送高电位信号；位值为"0"的状态，发送器关闭，传递低电位信号。

五、CAN 总线各系统控制单元组成

1.CAN 总线动力系统（驱动系统）控制单元组成

图 1-3-5 所示为动力系统结构。动力系统主要由以下几个部分组成。

（1）发动机控制单元。

（2）自动变速箱控制单元。

（3）ABS 控制单元。

（4）安全气囊控制单元。

（5）助力转向控制单元。

（6）转向柱控制单元。

（7）四轮驱动控制单元（四驱的车辆）。

（8）网关。

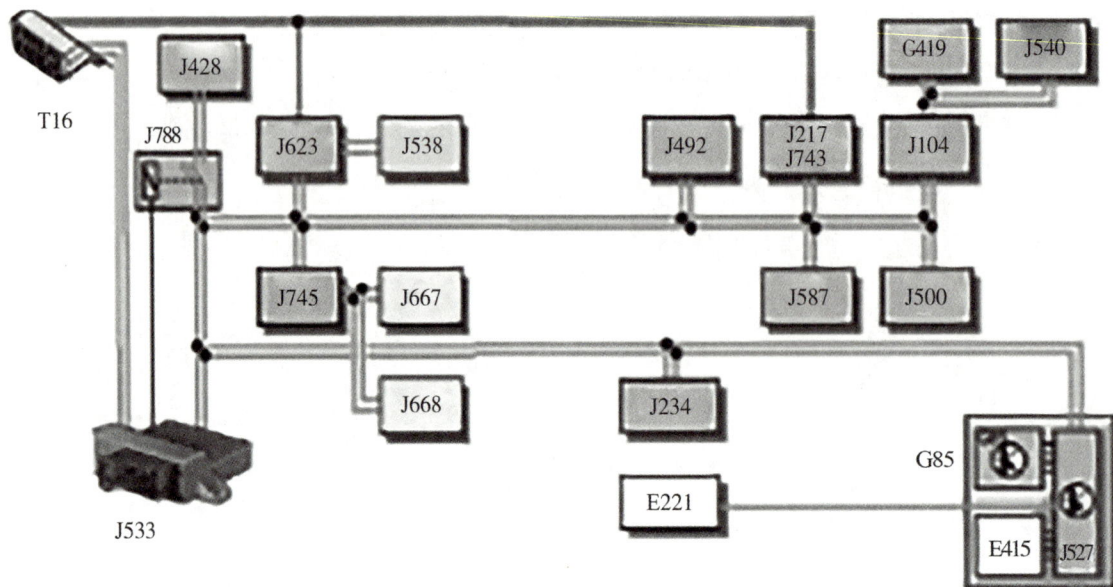

图 1-3-5　动力系统结构

T16—诊断插座；J533—网关；J428—车距调节单元；J788—驱动总线分离继电器；J623—发动机控制单元；

J538—燃油泵模块控制单元；J745—大灯控制单元；J677—左侧灯光模块；J668—右侧灯光模块；

J492—四轮驱动控制单元；J217—自动变速箱控制单元；J743—变速箱机电单元；G419—车身稳定传感器；

J540—机电驻车控制器；J104—ABS 控制单元；J587—换挡杆传感器控制单元；J500—助力转向控制单元；

J234—安全气囊控制单元；E221—方向盘操作开关；G85—转向角度传感器；E415—进入和起动识别开关；

J527—转向柱控制单元

2.CAN 总线舒适系统控制单元组成

图 1-3-6 所示为舒适系统结构。舒适系统主要由以下几部分组成。

（1）车载电网控制单元（车身控制模块）。

（2）转向柱控制单元。

（3）车门控制单元。

（4）空调控制单元。

（5）主驾驶座椅调节控制单元。

（6）副驾驶座椅调节控制单元。

（7）拖车控制单元（四驱的车辆）。

（8）停车辅助控制单元。

（9）网关。

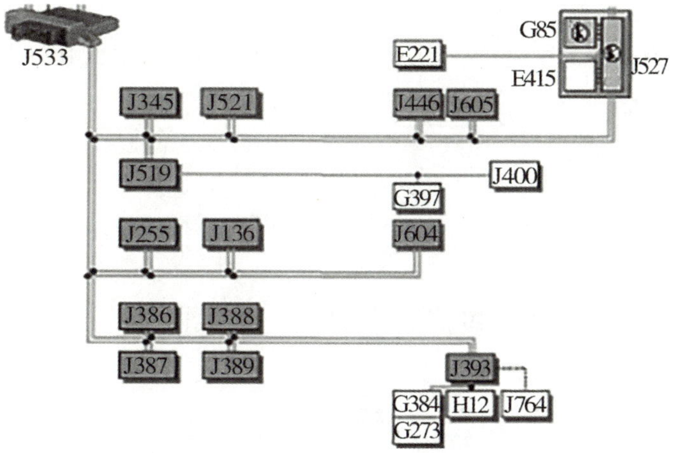

图 1-3-6　舒适系统结构

J533—网关；J345—拖车控制单元；J521—副驾驶座椅调节控制单元；J519—车载电网控制单元；
J255—空调控制单元；J136—主驾驶座椅调节控制单元；J386~J389—车门控制单元；E221—方向盘操作开关；
G85—转向角度传感器；E415—进入和起动识别开关；J527—转向柱控制单元；J446—停车辅助控制单元；
J605—后备箱盖控制单元；J400—雨刮电机控制器；G397—雨滴和光强传感器；J604—驻车加热控制单元；
J393—舒适系统控制单元；G384—汽车倾斜传感器；H12—警报喇叭；J764—转向柱锁止控制单元；
G273—内部监控传感器

3.CAN 总线信息娱乐系统控制单元组成

图 1-3-7 所示为信息娱乐系统结构。信息娱乐系统主要由以下几部分组成。

（1）辅助加热系统控制单元。

（2）手机电子操作系统控制单元。

（3）数字音响套件控制单元。

（4）显示和操作系统控制单元。

（5）信息娱乐电子系统控制单元。

（6）收音机。

（7）倒车摄像头。

（8）网关。

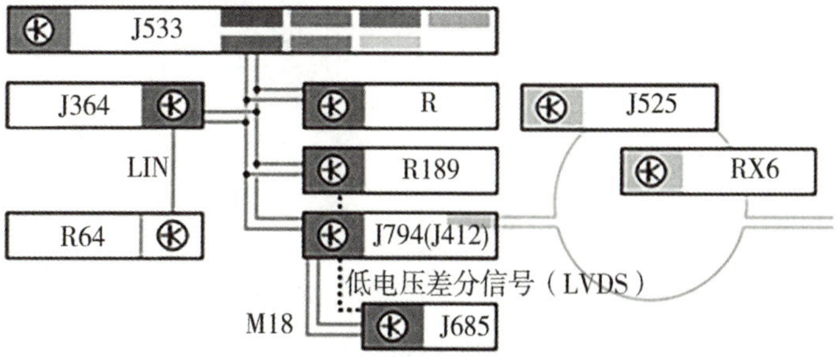

图 1-3-7　信息娱乐系统结构

J533—网关；J364—附加空调控制器；R64—接收天线；R—收音机；R189—收音机天线；
J794（J412）—功放单元；M18—自动变速器；J685—音响主机；J525—数字音响控制器；RX6—喇叭

4.CAN 总线诊断系统控制单元组成

图 1-3-8 所示为诊断系统结构。诊断系统主要由以下几部分组成。

(1)车辆诊断接口。

(2)诊断总线。

(3)连接适配器。

(4)诊断设备。

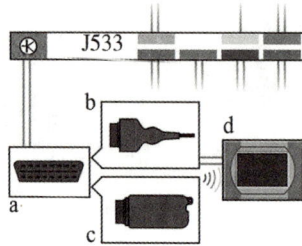

图 1-3-8　诊断系统结构

J533—网关;a—诊断插座;b—有线数据总线接口;c—蓝牙数据总线接口;d—故障诊断仪

5.CAN 总线扩展系统控制单元组成

图 1-3-9 所示为扩展系统结构。扩展系统主要由以下几部分组成。

(1)随动大灯控制单元。

(2)车距调节控制单元。

(3)胎压监测控制单元。

(4)变道辅助控制单元。

(5)网关。

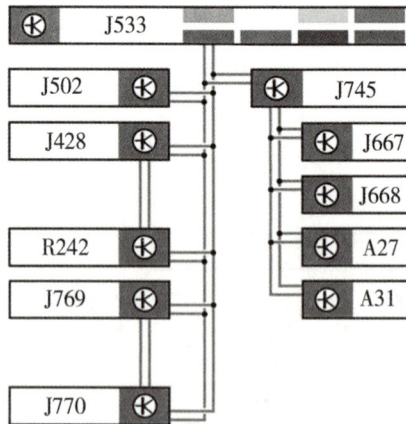

图 1-3-9　扩展系统结构

J533—网关;J502—变道辅助控制控制单元;J428—胎压监测控制单元;R242—多功能摄像头;
J769—左侧停车灯控制单元;J770—右侧停车灯控制单元;J745—随动大灯控制单元;
J667—左侧灯光控制单元;J668—右侧灯光控制单元;A27—右侧水平高度传感器;A31—左侧水平高度传感器

6.CAN 总线底盘系统控制单元组成

图 1-3-10 所示为底盘系统结构。底盘系统主要由以下几部分组成。

(1)ABS 控制单元。

(2)电控减振系统控制单元。

(3)泊车辅助系统控制单元。

(4)全时驱动控制单元。

(5)电动转向助力控制单元。

(6)驻车辅助系统控制单元。

(7)全景影像系统控制单元。

(8)网关。

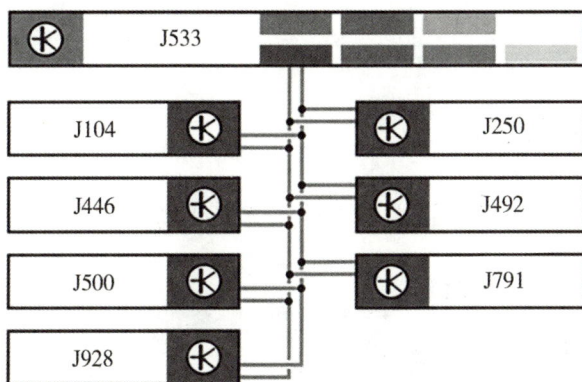

图 1-3-10　底盘系统结构

J533—网关;J104—ABS 控制单元;J446—电控减振控制单元;J500—转向辅助控制单元;

J928—全时驱动控制单元;J250—泊车辅助系统控制单元;J492—驻车辅助系统控制单元;

J791—全景影像系统控制单元

任务四　红旗H5轿车总线应用

一、红旗 H5 轿车数据总线传输优点

图 1-4-1 所示为专线传输和数据线传输对比图。红旗 H5 轿车数据总线传输优点如下。

(1)电控单元和电控单元插脚最小化应用,节省电控单元的有限空间。

(2)如果系统需要增加新的功能,只需要升级软件即可。

(3)数据总线符合国际标准,一辆车上不同生产厂家的电控单元间可进行数据交换。

(4)故障率极低,维修也因为车辆线束的减少而变得非常方便,不容易出现电路老化等问题。

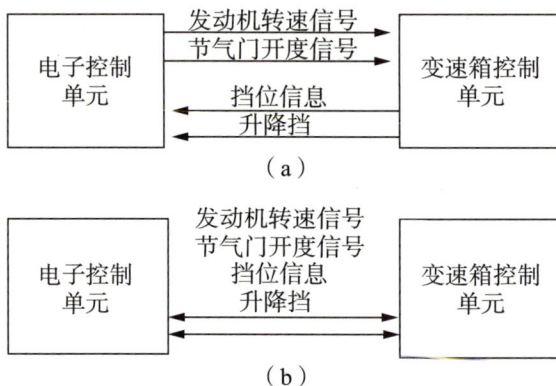

图 1-4-1　专线传输和数据线传输

（a）专线传输；（b）数据线传输

二、红旗 H5 轿车采用的数据总线

（1）CAN 总线应用单元。

（2）LIN 总线应用单元。

图 1-4-2 所示为红旗 H5 轿车总线拓扑图，其模块名称见表 1-4-1。

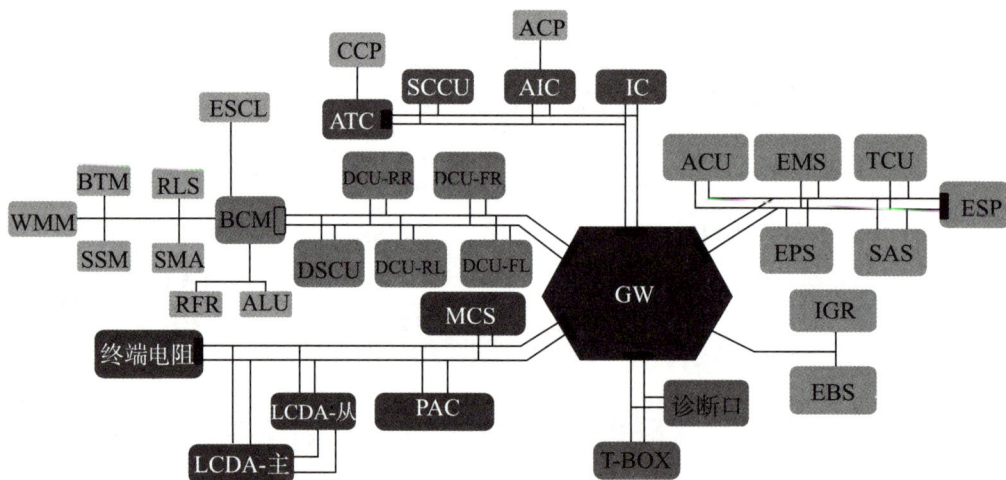

图 1-4-2　红旗 H5 轿车总线拓扑图

表 1-4-1　模块名称

缩略语	模块名称	缩略语	模块名称	缩略语	模块名称
EMS	发动机管理系统	IC	仪表	ACP	多功能控制面板
SAS	转向角传感器	ATC	自动空调控制器	CCP	空调面板
TCU	变速器电脑	AIC	信息娱乐系统控制器	ALU	氛围灯单元
ACU	安全气囊模块	SCCU	副驾驶座椅单元	WMM	雨刮电机

续表

缩略语	模块名称	缩略语	模块名称	缩略语	模块名称
EPS	电动助力转向	BCM	车身控制模块	BTM/BLE	蓝牙模块
ESP	车身稳定系统	DSCU	主驾驶座椅单元	SSM	电动遮阳帘
MCS	多功能摄像头	DCU-FL	左前门控制单元	RLS	阳光雨量传感器
LCDA-主	并线辅助模块主机	DCU-FR	右前门控制单元	SMA	天窗电机总成
LCDA-从	并线辅助模块从机	DCU-RL	左后门控制单元	ESCL	电子转向柱锁
PAC	停车辅助控制器	DCU-RR	右后门控制单元	IGR	智能发动机调节
RFR	遥控器接收器	EBS	蓄电池传感器	LCD	液晶显示器
T-BOX	移动数据通信模块	TPMS	胎压监测系统	HMI	人机交互接口
DRL	日间行车灯	AEB	主动紧急制动	GW	网关
ETC	电子节气门	PDC	停车距离控制器		

三、红旗 H5 轿车 CAN 总线

1.红旗 H5 轿车 CAN 总线应用

（1）HS-CAN（高速）总线用于动力系统和底盘系统，传输速率为 500 kb/s。

（2）MS-CAN（中速）总线用于舒适系统和车身模块，传输速率为 100 kb/s。

（3）LS-CAN（低速）总线用于信息系统和娱乐系统，传输速率为 100 kb/s。

2.红旗 H5 轿车 CAN 总线终端电阻

为了防止数据到达线路终端后像回声一样返回并因此干扰原始数据，可在 CAN 总线中设置终端电阻，使其模块内电阻为 120 Ω。

3.红旗 H5 轿车动力系统总线

红旗 H5 轿车动力系统采用 HS-CAN（高速）总线，传输速率为 500 kb/s，终端电阻位于网关控制模块和车身稳定系统模块中。其主要包含安全气囊模块（ACU）、发动机管理系统（EMS）、变速器电脑（TCU）、车身稳定系统（ESP）、转向角传感器（SAS）、电动助力转向（EPS）、网关（GW）等 7 个模块。图 1-4-3 所示为红旗 H5 轿车动力系统总线拓扑图。

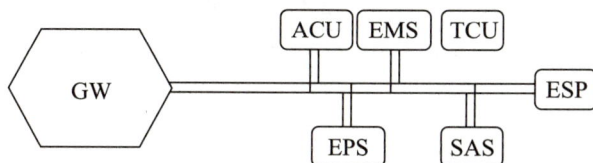

图 1-4-3　红旗 H5 轿车动力系统总线拓扑图

4.红旗 H5 轿车舒适系统总线

红旗 H5 轿车舒适系统采用 HS-CAN（高速）总线，传输速率为 500 kb/s，终端电阻位于车

身控制模块和网关控制模块中。其主要包含左前门控制单元(DCU-FL)、右前门控制单元(DCU-FR)、左后门控制单元(DCU-RL)、右后门控制单元(DCU-RR)、车身控制模块(BCM)、主驾驶座椅单元(DSCU)、网关(GW)等7个模块。图1-4-4所示为红旗H5轿车舒适系统总线拓扑图。

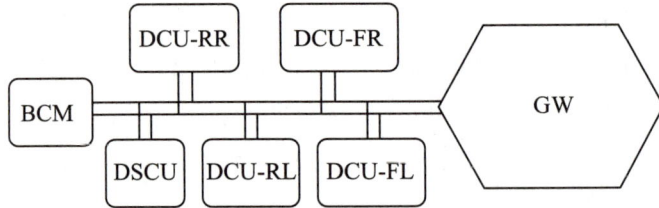

图1-4-4　红旗H5轿车舒适系统总线拓扑图

5.红旗H5轿车诊断系统总线

红旗H5轿车诊断系统采用HS-CAN(高速)总线,传输速率为500 kb/s,终端电阻位于网关控制模块中。其主要包含移动数据通信模块(T-BOX)、网关(GW)等两个模块。图1-4-5所示为红旗H5轿车诊断系系统总线拓扑图。

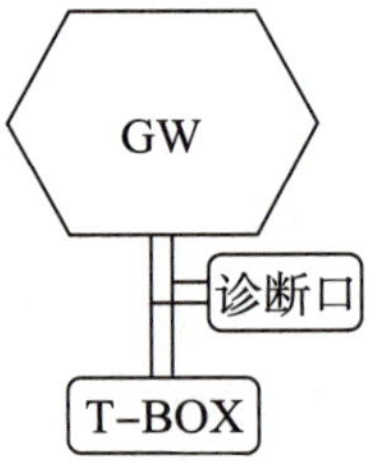

图1-4-5　红旗H5轿车诊断系统总线拓扑图

红旗H5轿车诊断接口(见图1-4-6)定义:1为ABS的K线,2为诊断的高速C-CAN,3为安全气囊的K线,4为电源地线,5为信号接地,6为诊断的B-CAN B,7为NCM诊断,8为防盗装置的K线,9为组件2的PRES,10为诊断的低速C-CAN,11为防盗装置,12为集成块2预置接口,13为集成块3预置接口,14为诊断的B-CAN,15为L线,16为蓄电池。

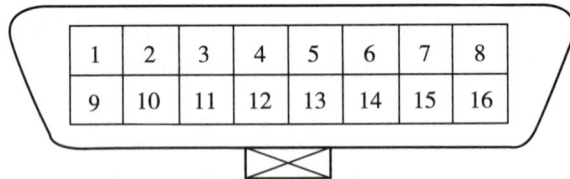

图1-4-6　红旗H5轿车诊断接口

6.红旗H5轿车信息娱乐系统总线

红旗H5轿车信息娱乐系统采用HS-CAN(高速)总线,传输速率为500 kb/s,终端电阻位于网关控制模块和空调控制模块。其主要包含自动空调控制器(ATC)、副驾驶座椅单元(SCCU)、信息娱乐系统控制器(AIC)、仪表(IC)、网关(GW)等5个模块。图1-4-7所示为红旗 H5 轿车信息娱乐系统总线拓扑图。

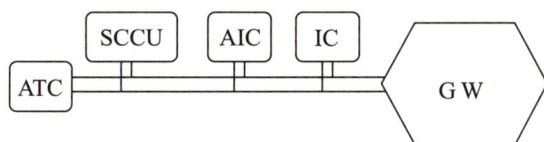

图 1-4-7　红旗 H5 轿车信息娱乐系统总线拓扑图

7.红旗 H5 轿车扩展系统总线

红旗 H5 轿车扩展系统采用 HS-CAN(高速)总线,传输速率为 500 kb/s,终端电阻位于网关控制模块。其主要包含多功能摄像头(MCS)、并线辅助模块(LCDA)、停车辅助控制器(PAC)、网关(GW)等 4 个模块。图 1-4-8 所示为红旗 H5 轿车扩展系统总线拓扑图。

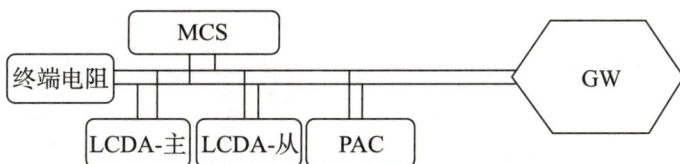

图 1-4-8　红旗 H5 轿车扩展系统总线拓扑图

8.红旗 H5 轿车网关

(1)网关插针。图 1-4-9 所示为插针位置,针脚名称见表 1-4-2。

图 1-4-9　插针位置

表 1-4-2　针脚名称

序号	名称	序号	名称	序号	名称	序号	名称
1	LIN	5	信息 CAN-H	9	GND	13	信息 CAN-L
2	空	6	舒适 CAN-H	10	B+	14	舒适 CAN-L
3	空	7	数据 CAN-H	11	IG1	15	数据 CAN-L
4	诊断 CAN-H	8	动力 CAN-H	12	诊断 CAN-L	16	动力 CAN-L

(2)网关终端电阻。网关终端电阻阻值见表 1-4-3。

断开网关模块插头,测量网关模块各 CAN 终端电阻,诊断 CAN 终端电阻阻值为 60 Ω 左右,其他 CAN 网络终端电阻阻值为 120 Ω 左右。

表 1-4-3　网关终端电阻阻值

动力 CAN	舒适 CAN	数据 CAN	诊断 CAN	信息 CAN
123.8 Ω	123.6 Ω	123.6 Ω	64.6 Ω	123.8 Ω

9.红旗 H5 轿车 CAN 总线波形

(1)CAN 总线正常波形:CAN-H 与 CAN-L 波形一致,但极性相反,如图 1-4-10 所示。

(2)CAN 总线异常波形:CAN-H 与 CAN-L 波形不一致,如图 1-4-11 所示。

(3)CAN 总线在测量波形时,应选择专用双通道示波器,打开示波器解码菜单,进行 CAN 总线配置。调节总线阈值电平到波形显示范围内,就可以看到解码数据,可以将触发方式设置为总线解码触发,设置合适的数据帧来稳定波形,调节垂直挡位和时基观察信号。

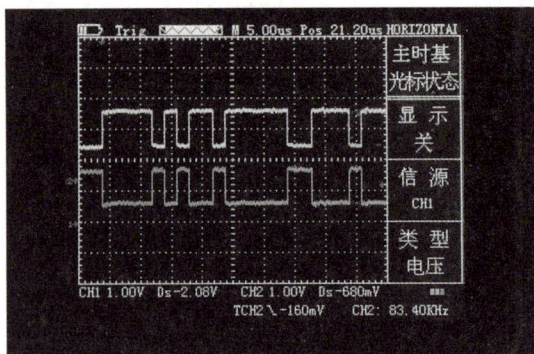

图 1-4-10　正常波形

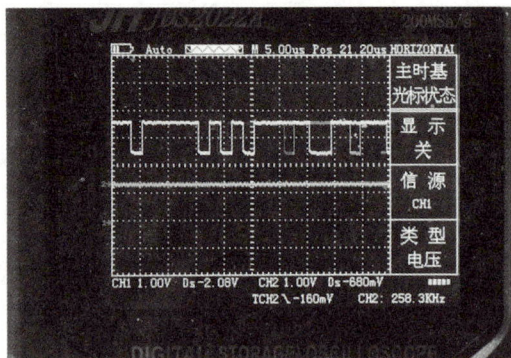

图 1-4-11　异常波形

四、红旗 H5 轿车 LIN 总线

1.红旗 H5 轿车 LIN 总线应用

红旗 H5 轿车 LIN 总线传输速率为 19.2 kb/s,主要应用于低速通信场合。图 1-4-12 所示为红旗 H5 轿车 LIN 总线拓扑图,其模块名称见表 1-4-1。

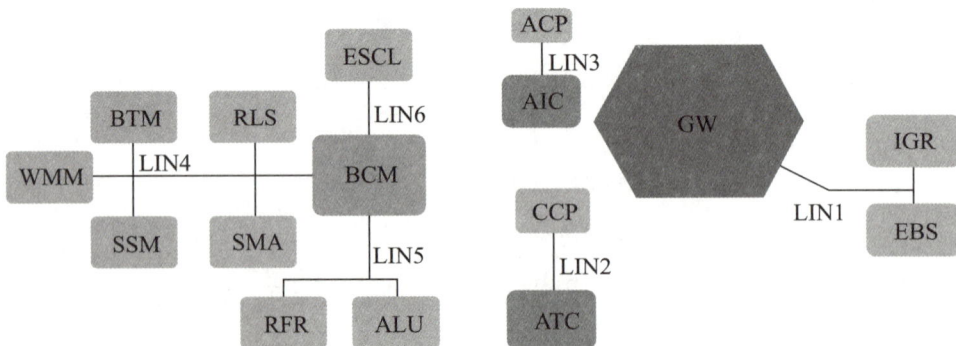

图 1-4-12　LIN 总线拓扑图

2.红旗 H5 轿车 LIN 总线波形

LIN 总线为单通道数据传输,正常波形为方波信号,如图 1-4-13 所示。

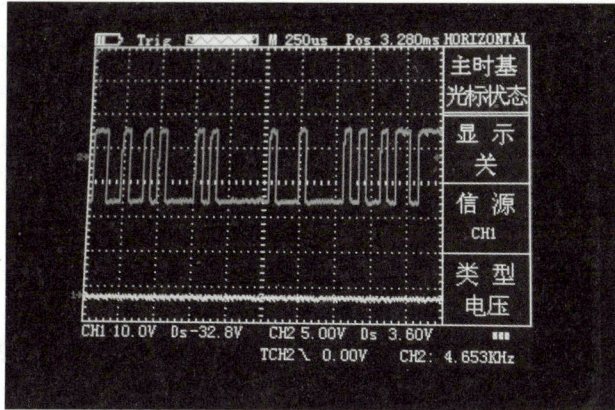

图 1-4-13　LIN 总线波形(三)

项目二

汽车电气设备

⚙ 学思课堂

潘衡是中盐安徽红四方股份有限公司的一名电焊工高级技师。他多次代表公司参加省石化系统及合肥市举办的焊接技术大赛，获得了许多骄人的成绩，并先后荣获"全国技术能手""安徽省五一劳动奖章""安徽省十大能工巧匠""江淮工匠标兵""安徽省职工技术状元""合肥市职工技术能手""庐州工匠标兵"等称号。

从业30多年来，潘衡凭着对焊接技术的热爱和高度的敬业精神，不畏寒暑、潜心钻研，从一名普通的学徒工逐步成长为一名技术过硬的电焊工高级技师。他用心解决实际工作中的技术难题，带领团队对公司关键设备压力容器、管道等进行及时返修、焊补，让这些价值不菲的设备发挥最大的作用，累计维修设备价值近亿元，节约费用达千万元。他不但拥有扎根一线、开拓进取、精益求精的精神品质，而且用实际行动践行了中国工匠精神。

✦ 思维导图

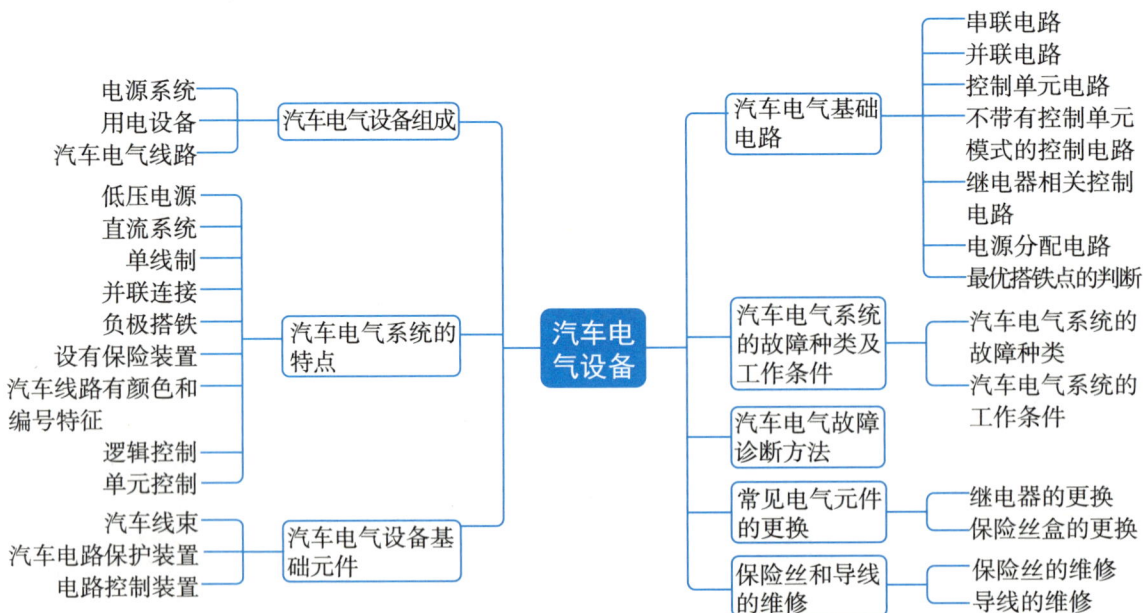

📖 知识目标

(1)掌握汽车电气设备的组成与特点;

(2)了解电气系统故障产生的原因,掌握电路检修的一般方法;

(3)了解汽车电气基本元件有关知识;

(4)掌握常用汽车电气故障的诊断方法。

👤 能力目标

(1)能够对汽车电气系统进行分析;

(2)能够对汽车电气系统常见元件进行更换;

(3)能够对汽车导线及线束进行维修。

📖 项目导言

若要完成汽车电气系统故障的诊断,首先要认识汽车电气系统并进行操作。通过本项目的学习,学生需要掌握汽车电路的基本知识、电气元件的有关知识和电气系统故障的诊断方法。

任务一 汽车电气设备组成

现代汽车电气设备种类及数量繁多,但总的来说可以大致分为电源系统、用电设备和汽车电气线路三大部分。

一、电源系统

电源系统又称为充电系统,由蓄电池、发电机、调节器及充电指示装置组成。当发动机不工作时,由蓄电池供电;当发动机起动后,由发电机供电。当发电机端电压高于蓄电池端电压时,既可向用电设备供电,又可向蓄电池供电。调节器的作用是在发电机工作时,保持其输出电压的稳定。

二、用电设备

1.起动系统

起动系统主要包括起动机及控制电路(起动继电器等),其作用是用来起动发电机。

2.点火系统

点火系统的作用是用来产生电火花,适时、可靠地点燃气缸中可燃混合气(仅用于汽油机汽车)。其主要包括点火线圈、分电器总成(点火信号发生器)、点火器、火花塞等。

3.照明及信号装置

照明装置包括车外和车内的照明灯具,其作用是确保车辆内外一定范围内合适的照度,提供车辆夜间安全行驶必要的照明。

信号装置包括音响信号和灯光信号两类,用来提供安全可靠行车所必需的信号。

4.仪表系统

仪表系统用来监测汽车的各种工作情况,使驾驶员能够通过仪表、报警装置及显示装置及时发现发动机及汽车的各种参数及异常情况,以确保汽车正常运行。其主要包括电流表(电压表)、水温表、燃油表、机油压力表、车速里程表、发动机转速表、气压表、各种报警灯(电子显示装置)等。

5.舒适与安全装置

舒适与安全装置用来为驾驶员和乘客提供良好的工作条件和舒适的乘坐环境。其主要包括挡风玻璃及前照灯洗涤刮水器、电动车窗、电动座椅、后视镜、空调装置、音响设备、卫星导航和定位系统及防盗装置等。

三、汽车电气线路

汽车电气线路主要包括中央控制盒、保险装置、继电器、电线束及插接件、电路开关等,电路构成一个统一的整体。

随着现代汽车技术的发展,电子控制系统采用得越来越多,所占的比例日益加大。各电控系统由独立变成了相互联系,从而构成了汽车局域网络。

任务二　汽车电气系统的特点

现代汽车电气与电子设备虽然种类繁多、功能各异,但其线路都遵循一定的原则,了解这些原则,对进行汽车电路分析是很有帮助的。

一、低压电源

汽车电气系统的额定电压主要有 12 V 和 24 V 两种。汽油机普遍采用 12 V 低压电源,柴油机多采用 24 V 低压电源(由两个 12 V 蓄电池串联而成)。在汽车运行中,电压一般为 14 V、28 V。

二、直流系统

现代汽车发动机是靠电力起动机起动的,起动机一般由蓄电池供电,而向蓄电池充电又必须用直流电源,所以汽车电气系统为直流系统。

三、单线制

单线制指在汽车电子系统中,从电源到用电设备用一根导线连接,而用汽车车体或发动机机体的金属部分作为另一公用导线。

四、并联连接

汽车上的两个电源(蓄电池与发电机)之间及所有用电设备之间,都是正极接正极,负极接负极,各用电设备均采用并联连接。

由于采用并联连接,所以汽车在使用中,当某一支路用电设备损坏时,并不影响其他支路用电设备的正常工作。

五、负极搭铁

采用单线制时,蓄电池的一个电极需接至车架或车身上,俗称"搭铁"。蓄电池的负极接车架或车身称为负极搭铁,蓄电池的正极接车架或车身称为正极搭铁。负极搭铁对车架或车身金属的化学腐蚀较轻,对无线电干扰小。我国标准规定汽车线路统一采用负极搭铁。

六、设有保险装置

为了防止因短路或搭铁而烧坏线束,电路中一般设有保护装置,如熔断器、易熔线等。

七、汽车线路有颜色和编号特征

为了便于区别各线路的连接,汽车所有低压导线必须选用不同颜色的单色线或双色线,并在每根导线上编号。

八、逻辑控制

用电设备在工作中都有一定的逻辑,不是在接通用电设备开关时用电设备就可以正常工作,而是一定要符合逻辑规律。例如,雾灯工作的前提是先打开点火开关,再打开行车灯开关或近光灯开关,这样才可以正常工作。

九、单元控制

随着现代科学技术的不断进步,总线技术已经在汽车上大量应用,而总线之间的通信是控制单元与控制单元之间的通信,并且控制单元对多数用电设备进行管理和控制,已达到优化功能和逻辑控制的目的。

任务三 汽车电气设备基础元件

一、汽车线束

1.概述

如果把发动机比作汽车的心脏,那么线束就是汽车的神经网络系统,它负责整车各个电器零件之间的信息传递。它把中央控制部件与汽车各部分电器连接在一起,形成一个汽车控制系统。没有线束,也就不存在汽车电路。汽车电线又称低压电线,它与普通家用电线是不同的。普通家用电线是铜质单芯电线,有一定硬度,而汽车电线都是铜质多芯软线,有些软线细如毛发,几条乃至几十条软铜线包裹在塑料绝缘管(聚氯乙烯)内,柔软而不容易折断。由于汽车行业的特殊性,汽车线束的制造过程也比其他普通线束更为特殊。

2.分类

整车线束分为主线束和分支线束。主线束包括车身线束(前线束)和底盘线束(后线束)。按照汽车各大系统或总成分类,主线束分为发动机线束、照明线束和仪表线束等。主线束又有多条分支线束,例如:发动机线束可以分为点火系统线束和喷油系统线束等,照明线束可以分为前大灯线束和后尾灯线束等。线束与线束之间及线束与电气元件之间一般采用塑料插件连接。

随着汽车的功能越来越先进,所需要的功能模块、线束数量和种类也越来越多。高档汽车一般有中央控制模块、发动机控制模块、ABS系统、音响系统等,其所对应的线束一般可以分为仪表集群、发动机集群及车身集群等。随着人们对舒适性、经济性、安全性要求的不断提高,汽车上的电子产品种类也在不断增加,汽车线束也越来越复杂,线束的故障率也相应增加。这就要求提高线束的可靠性和耐久性等性能。

3.汽车车用导线

汽车车用导线按承受电压的高低分类,可分为高压导线和低压导线。

(1)根据用电设备的负载电流大小选择导线的截面积。汽车线束内的导线常用规格有标称截面积 0.5、0.75、1.0、1.5、2.0、2.5、4.0、6.0 mm² 等的导线(日韩车系中常用的标称截面积为 0.5、0.85、1.25、2.0、2.5、4.0、6.0 mm² 等),它们各自都有对应的允许负载电流值,适配于不同功率用电设备。以整车线束为例,0.5 mm² 规格线适用于仪表灯、指示灯、门灯、顶灯等,0.75 mm² 规格线适用于牌照灯、前后小灯、制动灯等,1.0 mm² 规格线适用于转向灯、雾灯等,1.5 mm² 规格线适用于前大灯、喇叭等。

主电源线如发电机电枢线、搭铁线等截面积要求为 2.5~4 mm²。这只是针对一般汽车而言,取决于负载的最大电流值。另外,蓄电池的搭铁线、正极电源线则是单独使用专门的汽车导线,它们的线径都比较大,截面积在十几平方毫米以上,这些"巨无霸"导线不会编入主线束内。

选取导线的一般原则为:长时间工作的电气设备可选用实际载流量60%的导线,短时间工作的用电设备可选用实际载流量60%~100%之间的导线。同时,还应考虑电路中的电压降和导线发热等情况,以免影响用电设备的电气性能或超过导线的允许温度。为保证一定的机械强度,一般低压导线截面积应不小于0.5 mm^2。

（2）导线线径的确定。在确定导线截面积时要考虑电压降和导线的发热。

（3）用电设备的电流为

$$I = P/U_N$$

式中:I为电流,单位为A;P为用电设备功率,单位为W;U_N为额定电压,单位为V。

（4）导线截面积计算公式为

$$A = I\rho L/U_{VL}$$

式中:A为导线截面积,单位为mm^2;ρ为铜导线电阻率,一般取值为0.018 5 Ω·m;L为导线长度,单位为m;U_{VL}为导线允许的电压降,单位为V。

（5）为避免导线过度发热,应该检查电流密度,其公式为

$$S = I/A$$

表2-3-1所示为导线电压降情况,表2-3-2所示为导线截面积与电流的关系。

表 2-3-1　导线电压降

电路	导线电压降 U_{VL}/V	整个电路电压降/V	备注
发动机 B+至蓄电池	0.4	—	在额定电压和额定功率时的电流
起动机主电缆	0.5	—	在 20 ℃时的起动机短路电流
照明电路	0.1	0.1	功率小于 15 W
照明电路	0.3	0.3	功率大于 15 W
吸引线圈和保持线圈	1.5	1.9	
其他电路	0.5	1.5	

表 2-3-2　导线截面积与电流

导线截面积/mm^2	30 ℃运行连续电流/A	50 ℃运行连续电流/A	允许电流密度/(A·m^{-2})
0.35	8	6.5	10
0.5	11	7.8	10
0.75	15	10.6	10
1	19	13.5	10
1.5	24	17	10
2.5	32	22.7	10
4	42	29.8	10
6	54	38.3	6
10	73	51.8	6

续表

导线截面积/mm²	30 ℃运行连续电流/A	50 ℃运行连续电流/A	允许电流密度/(A·m⁻²)
16	98	69.6	6
25	129	91.6	4
35	158	112	4
50	198	140	4
70	245	174	3

4.导线的标准

汽车线束常用的导线通常使用多股绞合铜导线,绝缘皮为聚氯乙烯(PVC)绝缘材料。线束用导线要有耐温、耐油、耐磨、防水、防腐蚀、抗氧化、阻燃等特性。

汽车线束常用的导线种类有日标(AVSS 等)、国标(QVR)、德标(FLRY)、美标等几大系列。AVSS 导线的特点是绝缘皮薄,柔韧性较好;QVR 导线的特点是绝缘皮厚,比较柔软,延展性好;FLRY 导线的特点是绝缘皮比 AVSS 导线更薄,柔韧性好;美标导线的特点是绝缘皮一般为热塑性或热固性弹性体,还有经过辐照工艺加工的。应该根据用户的需求和不同的工作环境选取适当类型的导线。

5.导线的颜色

为便于安装和检修,汽车采用双色导线,主色为基础色,辅色为环布导线的条色带或螺旋色带,且标注时主色在前,辅色在后。以双色为基础选用时,各用电系统的电源线为单色,其余为双色。导线颜色如表 2-3-3 所示。

表 2-3-3　导线颜色

序号	英文缩写	中文	英文
1	W	白	WHITE
2	B	黑	BLACK
3	Y	黄	YELLOW
4	G	绿	GERRN
5	O	橙	ORANGE
6	R	红	RED
7	P	粉	PINK
8	V	紫	VIOLET
9	L	蓝	BLUE
10	BR	棕	BROWN
11	GR	灰	GREY
12	LG	浅绿	LIGHT GREEN

6.汽车线束其他组成部分

（1）护套：通常由塑料制成，用已压端子的导线插入其内，保证连接的可靠性，如图2-3-1所示。

（2）端子：压接在导线上将不同的导线连接起来用来传输信号的一种成形的五金部件（见图2-3-2），分为公端子、母端子、环形端子和圆端子等。

（3）密封圈：一种通常由硅胶制成的零件，塑料件的槽和端子与外界环境隔离开，如图2-3-3所示。

（4）密封塞：由橡胶制成的一种零件（见图2-3-4），在线束上起密封和保护作用。它可以塞在护套上、未插导线的插孔上，以起到密封和保护作用。

图2-3-1　护套　　　　　　　　　　　　图2-3-2　端子

图2-3-3　密封圈　　　　　　　　　　　图2-3-4　密封塞

（5）导管：包括PVC套管、波纹管（见图2-3-5）、玻璃丝纤维管等，用来保护线束。波纹管在线束包扎中一般占到60%左右，甚至更多。

（6）二次锁定片：一种塑胶零件，用于将连有导线的端子进一步固定在插接件上，保证端子和护套可靠地连接。二次锁定片安装要到位，与护套相"扣"，需要特别注意，部分质量或工艺要求有方向性。二次锁定片如图2-3-6所示。

图2-3-5　波纹管　　　　　　　　　　　图2-3-6　二次锁定片

（7）卡扣（卡钉）：通常由塑胶制成的一种零件，用来将线束固定在汽车中，包含扎带卡扣、波纹管锁卡扣,如图 2-3-7 所示。

(8)胶带:生产用胶带,缠绕在线束表面,如图 2-3-8 所示。胶带可分为 PVC 胶带、海绵胶带、布胶带、纸胶带等。质量标识胶带为红胶带,用于标识生产产品的缺陷。

 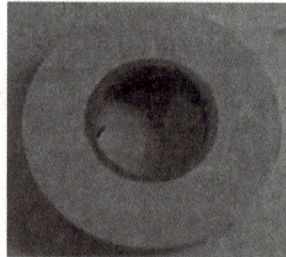

图 2-3-7　卡扣　　　　　　　　　　　图 2-3-8　胶带

7.汽车低压导线与高压导线

汽车低压导线主要包括普通低压导线、起动电缆、蓄电池电缆及屏蔽线。低压导线主要用于低压用电设备,高压导线主要用于点火系统。低压导线与高压导线如图 2-3-9 所示。

 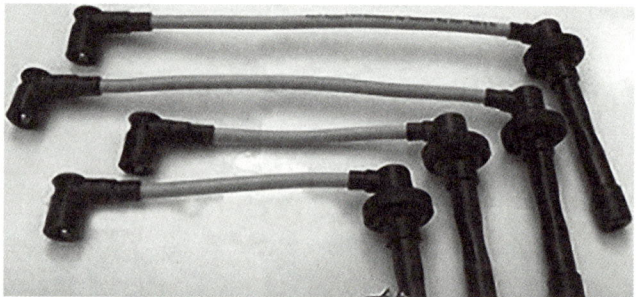

(a)　　　　　　　　　　　　　　　　(b)

图 2-3-9　低压导线与高压导线

(a)低压导线;(b)高压导线

8.线束维修

汽车线束由于受到机械振动、温度变化、刮擦及油水侵蚀的影响,若长期使用,则易造成导线损坏、线头断开或接触不良等情况,这就需要检修维护和更换导线、接线头、电路继电器或整车电器。

当维修线束时,应注意如下事项:

(1)线束应用夹箍或线卡固定,以免松动或磨损。

(2)线束不可拉得过紧,尤其在拐弯处更应注意。在绕过锐角或金属穿孔时,应使用橡胶套保护。

(3)线束在检修前后,应按照要求进行拆装,在拆装过程中要记下各插接件的连接部位和线束区,在装配时,应按原连接部位复位。

(4)导线接头因空气氧化或电火花烧蚀而发生损坏,或因机械振动而使接头断开,在新增线路或修复接头时常用钎焊法修复导线或接头。应注意,在焊接过程中不能出现虚接等情况,在修复后应使用热缩管进行密封。

9.插接器

插接器是汽车电路中不可缺少的元件,因连接可靠、维修方便而在汽车中广泛使用,如图2-3-10所示。插接器种类较多,有单路、双路、多路等类型。插接器护套由塑料或橡胶制成。

图2-3-10 插接器

插接器接头容易因空气氧化或电火花烧蚀而发生损坏,或因机械振动而使接头断开。为保证导线良好,修复插接器损坏区域是十分必要的。在修复插接器时,需要注意将插接器连接位置断开。

线束插接器又称连接器,是端子的一种,由插头和插座组成。连接器是汽车电路中线束的中继站。

线束与线束、线束与电器部件之间的连接一般采用连接器。汽车线束连接器是连接汽车各个电器与电子设备的重要部件,为了防止连接器在汽车行驶中脱开,所有的连接器均采用了闭锁装置。当拆开连接器时,首先要解除闭锁,然后把连接器拉开,不允许在未解除闭锁的情况下用力拉扯线束,这样会损坏闭锁装置或连接线束。

连接器由以下几个部分组成。

(1)接触件。接触件是汽车接插件完成电气连接功能的核心零件,一般由阳性接触件和阴性接触件组成,并通过阴、阳接触件的接合完成电气连接。阳性接触件为刚性零件,其形状为圆柱形(圆插针)、方柱形(方插针)或扁平形(插片)。阴性接触件即插孔,是接触件的关键零件。它依靠弹性结构在与阳性接触件插合时发生弹性变形而产生弹性力,并与阳性接触件形成紧密接触,从而完成连接。阴性接触件的结构种类很多,有圆筒形(劈槽、缩口)、音叉形、悬臂梁形(纵向开槽)、折叠形(纵向开槽,9字形)、盒形(方插孔)及双曲面线簧插孔等。

(2)壳体。壳体又称外壳,是汽车接插件的外罩,它为内装的绝缘安装板和插针提供机械保护,并保证插头和插座插合时的对准,进而将连接器固定到设备上。

(3)绝缘体。绝缘体也常称为汽车连接器基座或安装板,它的作用是使接触件按所需要的位置和间距排列,并保证接触件之间、接触件与外壳之间的绝缘性能。

(4)附件。附件分为结构附件和安装附件。结构附件有卡圈、定位键、定位销、导向销、连接环、电缆夹、密封圈、密封垫等,安装附件有螺钉、螺母、螺杆、弹簧圈等。

插头或插座中的防脱装置有3种:①插针上的倒刺;②壳中的限位卡;③可以抽拉的彩色限位片。拆卸工具可分为退针工具及压紧器。图2-3-11所示为退针器与压接钳,图2-3-12所示为线束插头。

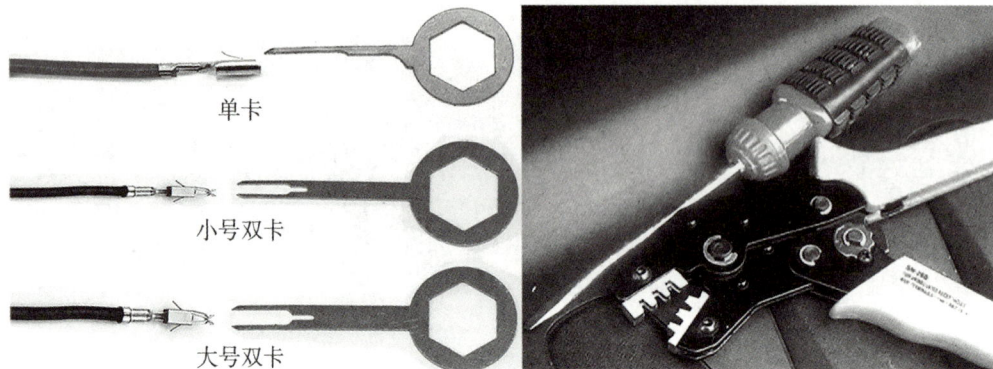

单卡

小号双卡

大号双卡

图 2-3-11　退针器与压接钳

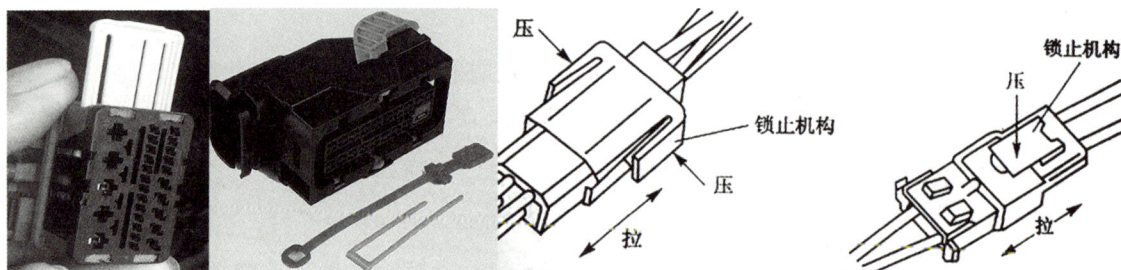

压

锁止机构

压

拉

锁止机构

压

拉

图 2-3-12　线束插头

二、汽车电路保护装置

汽车电路保护装置用于线路或电气系统发生短路或过载时自行切断,以防止线束或用电设备的损坏。

汽车上常见的电路保护装置有易熔线、断路器及熔断器等。易熔线的截面积小于被保护导线的截面积,可长时间通过额定电流,一般为铜芯低压导线或铝合金导线。当电流超过易熔线额定电流时,易熔线熔断,以确保用电设备不被损坏。熔断器主要部件是熔体,其材料是锌、锡、铅、铜等金属的合金。只要流经的电流过大,易熔部件就会形成断路,而且熔断器属于一次性保护装置,每次电流过载都需要更换。

易熔线常用于保护总电路或大电流电路,外包绝缘保护,比常见导线柔软,一般长度为50~200 mm,通过插接器接入电路。易熔线一般位于蓄电池与起动机之间,图2-3-13所示为易熔线。

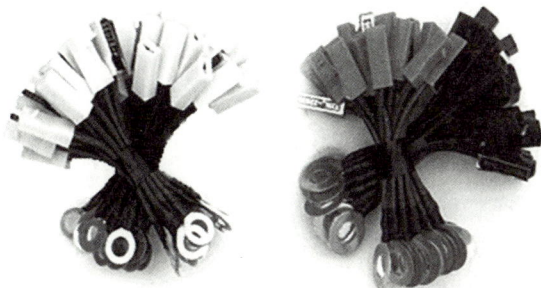

图 2-3-13　易熔线

断路器(见图 2-3-14)是当电流负荷超过用电设备额定电流时将电路断开的一种可重复使用的电路保护装置。如果电路中存在短路或其他类型的过载因素,强大的电流将使断路器端子之间的线路断路。

熔断器常用于保护局部电路,其额定电流较小,是常见的汽车线路保护装置。熔断器按外形可分为熔管式、插片式、带式,如图 2-3-15 所示。

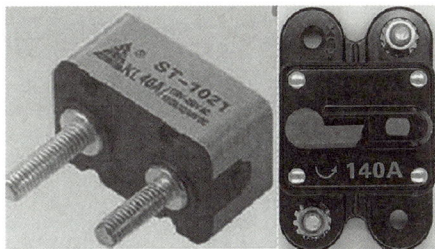

图 2-3-14　断路器

(a)　　　　　　　　　(b)　　　　　　　　　(c)

图 2-3-15　熔断器

(a)熔管式熔断器;(b)插片式熔断器;(c)带式熔断器

熔断器(又称保险丝)一般安装在前发动机舱、主驾驶脚窝上方、驾驶员侧中控台、副驾驶中控台、后备箱等位置,如图 2-3-16 所示。

图 2-3-16　熔断器位置

三、电路控制装置

1.继电器

作用:用较小电流控制较强电流的切换结构,是通过电磁方式控制的开关。

类型:常开型、常闭型、转换型。

结构:包括线圈、开关、触点等,如图2-3-17所示。

工作过程:图2-3-18所示为继电器示意图,当继电器1号与2号插脚有电流流过时,继电器线圈会产生磁场将开关吸合。此时,继电器3号与4号插脚将导通,可以达到控制元件的目的。

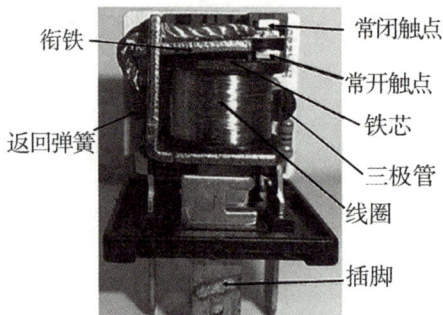

图 2-3-17 继电器结构

图 2-3-18 继电器示意图

继电器检测主要是对线圈、常闭触点、常开触点进行检测。

(1)线圈检测:将万用表拨至 200 Ω 挡,然后将两表笔分别与线圈接线脚(85 端子、86 端子)接触,测量其电阻值(正常时线圈阻值约为 75~80 Ω),如图 2-3-19 所示。若测量电阻值为 ∞,说明线圈断路;若测量电阻值过小,说明线圈短路。

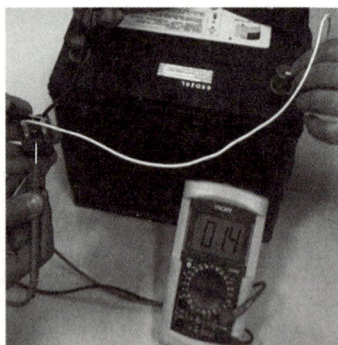

图 2-3-19 线圈检测

(2)常闭触点检测:将万用表拨至 200 Ω 挡,然后将两表笔分别与常闭触点接线脚(30 端子、87a 端子)接触,测量其电阻值,如图 2-3-20 所示。正常时,万用表应有阻值,且阻值应小于或等于 0.8 Ω。若测量电阻值为 ∞,说明触点烧蚀。

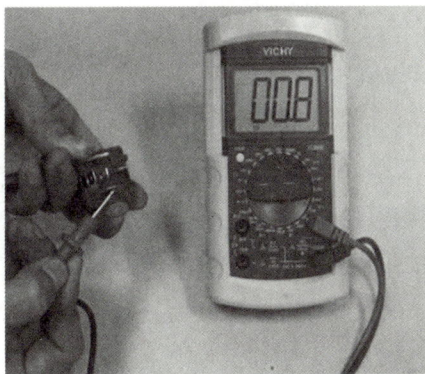

图 2-3-20　常闭触点检测

（3）常开触点检测：用两根跨接线把 12 V 的蓄电池电压给线圈通电，将万用表拨至 200 Ω 挡，然后将两表笔分别与常开触点接线脚（30 端子、87 端子）接触，测量其电阻值，如图 2-3-21 所示。正常时，万用表应有阻值，且阻值应小于或等于 1.4 Ω。若测量电阻值为 ∞，说明触点烧蚀。

图 2-3-21　常开触点检测

2.点火开关

在汽车电路中，点火开关用来控制汽车电路中主要用电设备的接通和断开，如图 2-3-22 所示。现在，随着汽车技术的不断发展，汽车点火开关由以前的机械钥匙正在逐步向一键起动装置转变。

图 2-3-22　点火开关

（1）点火开关挡位。图2-3-23所示为点火开关挡位,各挡位如下所述。

1）LOCK:机械锁止挡,此时方向盘处于锁止状态。现在大部分车型方向盘锁止是由转向柱锁止控制单元进行控制,而并非由点火开关进行控制。

2）ON:点火挡,此时全车所有用电设备处于供电状态。

3）START:起动挡,此时起动机将带动发动机旋转,发动机处于起动状态。

4）ACC:辅助挡,此时部分用电设备工作。

图 2-3-23　点火开关挡位

不同汽车主机厂,对于点火开关各个挡位标识不尽相同,无法做到完全统一。为了维修方便,把常见车辆的挡位表示方法总结如下。

1）点火挡:日系/美系车辆使用 IG 或 ON 表示,大众/奥迪车辆使用 15# 表示。

2）起动挡:日系/美系车辆使用 ST 表示,大众/奥迪车辆使用 50# 表示。

（2）常见正电的形成(以大众车辆为例)。

1）点火挡正电的形成:当点火开关处于点火挡时,电流由30#→J527→J527（30#）→D→J527（15#）→J527→J329,J519 对 J329 继电器线圈进行控制,当 J329 继电器中开关触点闭合时,即形成点火挡正电。点火挡正电的形成如图2-3-24 所示。

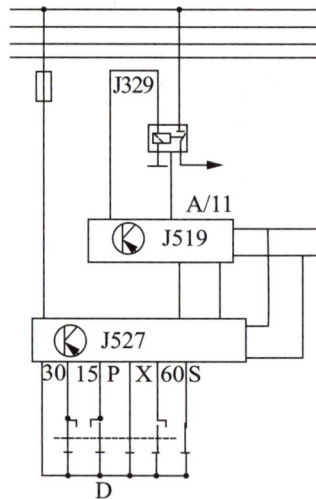

图 2-3-24　点火挡正电的形成

2）卸荷挡正电的形成:当点火开关处于点火挡时,电流由 30#→J527→J527（30#）→D→J527（X#）→J527→J519→J59,继电器控制 J59 开关吸合,对外供电。但是,在起动时为了保证起动机的供电,J519 会暂停对卸荷继电器的供电,在起动结束后恢复对 J59 的供电。卸荷挡正电的形成如图2-3-25 所示。

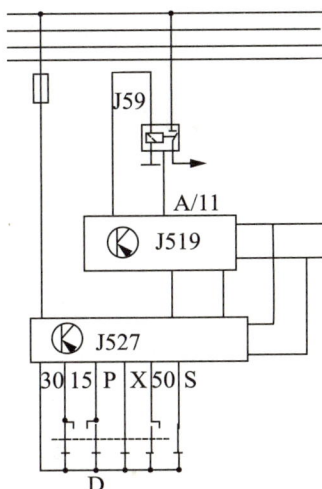

图 2-3-25 卸荷挡正电的形成

3）50#正电的形成：当点火开关处于起动挡时，电流由 30#→J527→J527（30#）→D→J527（50#）→J527→J519→J682，继电器控制 J682 开关吸合，对起动机供电，起动机旋转工作。50#正电的形成如图 2-3-26 所示。

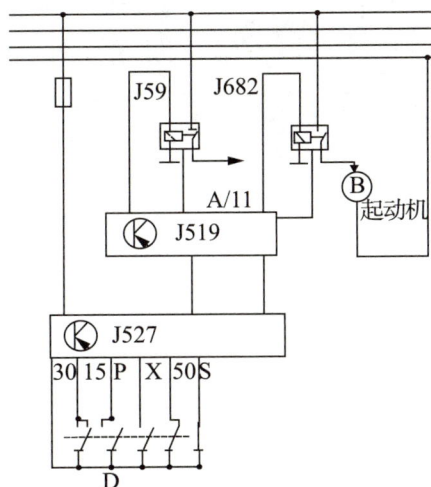

图 2-3-26 50#正电的形成

3.控制单元

汽车电子控制单元简称电控单元、汽车电控单元或集成电路控制单元、多路控制装置等。汽车制造公司不同，叫法也不同。它是由集成电路组成的用于实现对数据的分析、处理、发送等一系列功能的控制装置。目前，其在汽车上广泛应用，并且集成度越来越高。

控制单元的主要功能如下。

（1）接收控制信息，主要指接收操作人员的各种控制指令，如油门指令。

（2）系统参数的采集处理功能,应用单片机丰富的接口和数字资源采集发动机的工况和状态参数,然后加以转换处理。

（3）在控制软件的管理下,完成各种控制功能,例如,根据采集的系统参数进行工况判断,实现喷油量控制和喷油定时控制。

（4）输出驱动功能,根据系统处理后所得的控制信息进行信号输出放大,驱动油量控制机构和定时控制机构。

（5）具备系统自诊断功能,若检测到故障,则启用自诊断功能。

（6）具备与监控系统进行实时通信的功能。

4.搭铁线

搭铁线也叫地线,是汽车电路中主要的回路装置,当地线出现故障时,会导致部分用电设备无法工作或工作不正常,甚至全车都无法工作。

常见的汽车搭铁点有蓄电池负极、控制单元、车身(发动机、A柱、B柱、C柱、车前梁、后备箱等位置),如图2-3-27所示。

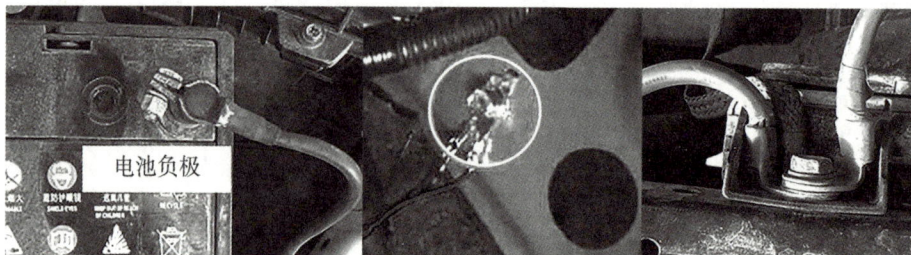

图2-3-27　常见搭铁点

5.接地(搭铁)螺栓

使用接地螺栓(见图2-3-28)将线束和电气组件接地。与普通的螺栓不同,这些螺栓表面会喷上绿色的漆以防止氧化。

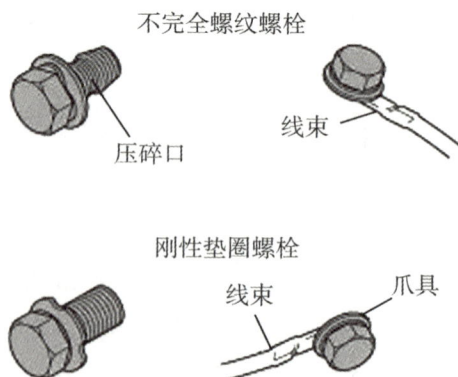

图2-3-28　接地螺栓

任务四 汽车电气基础电路

一、串联电路

串联是连接电路元件的基本方式之一。将电阻、电容或其他元件逐个依次首尾相连,其电路称为串联电路,其特点是当一个元件出现故障时,所有元件都无法工作,如图2-4-1所示。

图 2-4-1　串联电路

二、并联电路

把电路中的元件并列地接到电路中的两点间,电路中的电流分为几个分支,分别流经几个元件的电路叫作并联电路,其特点是当某一元件出现故障时,不影响其他元件正常工作,如图2-4-2所示。

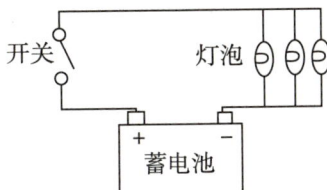

图 2-4-2　并联电路

三、控制单元电路

1.控制单元电源电路

现在大部分车型都会采用控制单元对各个系统进行控制,一般情况下,发动机、变速箱、车身等的控制单元的电源外围控制电路基本相同,都是由两条以上的电源线和一条以上的搭铁线构成。一般情况下,两条以上的电源线至少包含一条常火供电电源线。图2-4-3所示为控制单元电源电路图。

2.控制单元控制电路

带有控制单元的控制电路增加了计算机控制器接收外部信号(如各种开关信号、各种传感器的数字/模拟信号和网络共享信号),并由控制单元控制执行器(用电设备),且所有的信号及用电设备均在控制单元的监控下进行工作,使整个电路更加稳定。图2-4-4所示为控制单元控制电路图。

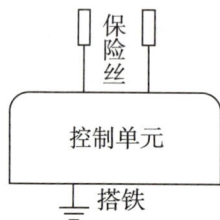

图 2-4-3　控制单元电源电路图

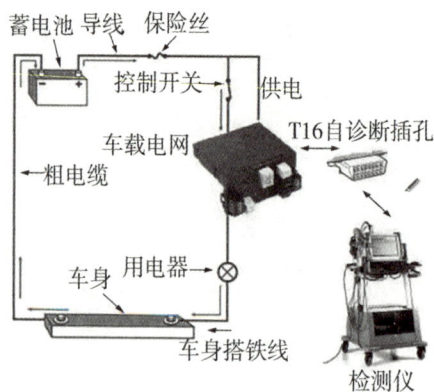

图 2-4-4　控制单元控制电路图

3.信号输入控制电路

在汽车电气设备的信号中,比较常见的信号有模拟信号、数字信号、总线信号,一般情况下,模拟信号是由传感器完成的,数字信号是开关量信号,总线信号是由总线系统提供的共享信号。图 2-4-5所示为对正控制信号输入电路图,图 2-4-6 所示为对地控制信号输入电路图。

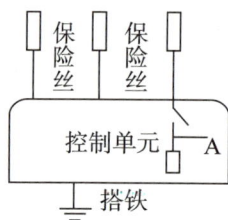

图 2-4-5　对正控制信号输入电路图

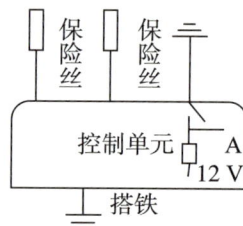

图 2-4-6　对地控制信号输入电路图

4.执行元件控制电路

执行元件就是用电设备,车辆中常见的用电设备有直流电动机、灯泡、加热丝等。一般情况下,执行元件控制电路由控制单元直接或者间接控制执行元件工作。图2-4-7所示为执行元件控制电路图。

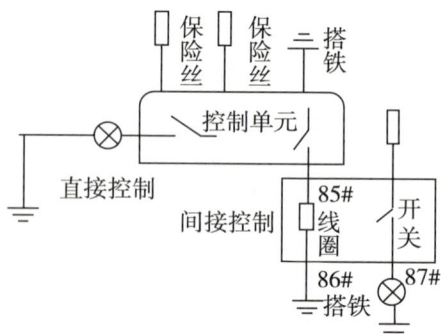

图 2-4-7　执行元件控制电路图

四、不带有控制单元模式的控制电路

不带有控制单元模式的控制电路是传统直接性控制电路。当电路中开关闭合时,电路就处于工作状态,没有任何的监控装置。图2-4-8所示为不带有控制单元模式的控制电路图。

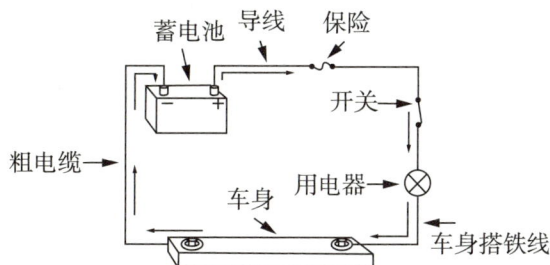

图2-4-8　不带有控制单元模式的控制电路图

五、继电器相关控制电路

1.开关控制型电路

继电器开关控制型电路是继电器在汽车电气系统中比较常见的电路之一,如图2-4-9所示。通过电路图可以看出,控制开关会安装在继电器线圈支路当中,由于线圈支路电流较小,所以可以有效地保护控制开关,防止控制开关因电流过大而烧蚀。用电设备一般会安装在继电器的开关支路当中,由于继电器开关经过特殊处理,所以在大电流情况下,依然可以保证继电器开关不会烧蚀损坏,从而实现了以小电流控制大电流,并且有效地保护了控制开关。

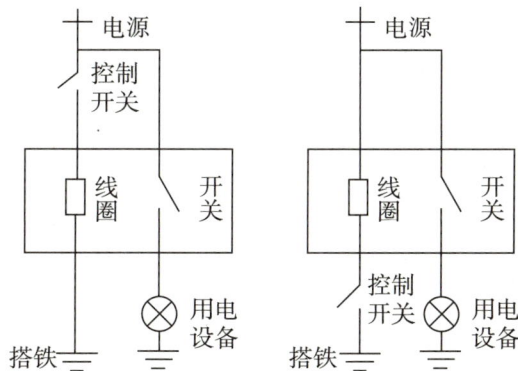

图2-4-9　开关控制型电路

2.电脑控制型电路

由于近些年电脑(控制单元)在汽车电气系统中的应用比例越来越大,同时,控制功能越来越多,因此,可以采用控制单元集中控制方法对输入信号、执行元件、继电器等进行控制,所以继电器除采用常规的控制开关控制以外,还可以采用电脑进行控制。图2-4-10所示为电脑控制型电路。

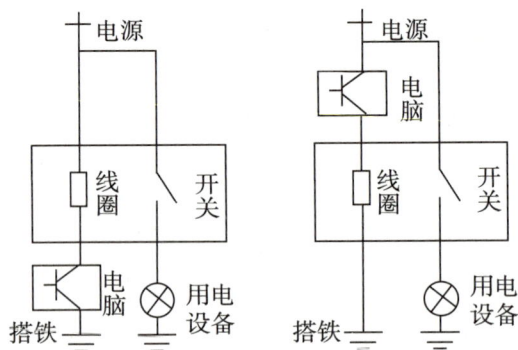

图 2-4-10　电脑控制型电路

3. 继电器供电控制电路

由于电脑(控制单元)和大量电子元件在车辆中应用比例的大幅度增加,机械式点火开关应用比例越来越小,电子式点火开关应用比例越来越大,所以继电器不仅可以实现对执行元件(用电设备)的控制,而且可以对供电控制电路进行控制。图 2-4-11 所示为继电器供电控制电路。

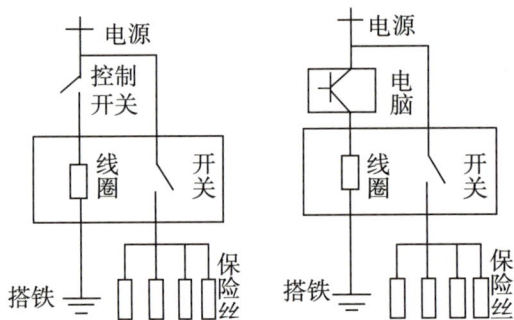

图 2-4-11　继电器供电控制电路

六、电源分配电路

配电盒(见图 2-4-12)用于电源分配电路,解决了整车进行电源分配的技术问题,不需要额外配备车身控制器。配电盒的结构和作用如下所述。

1. 配电盒的结构

汽车配电盒一般由配电盒壳体、配电盒连接处、配电盒内部装置三部分构成。

2. 配电盒的作用

(1)分配电源。汽车主电源电缆用蓄电池正极连接到配电盒。根据车辆具体工况(或使用情况)和点火开关具体挡位,配电盒通过导线、继电器、保险丝等元件进行电源分配。

(2)安装、连接电路元件。一般情况下车辆至少有一个或一个以上的配电盒,用来安装保险丝、继电器等电路保护元件,便于维修和快速更换。内部带有集成电路的配电盒,不可拆卸,不能维修。

（3）分配电能。由于保险丝、继电器安装在配电盒上，所以在配电盒内部和下方会连接相关导线或线束，用来实现具体电能的分配。

（4）检测电流。一些配电盒还会安装电流互感器、漏电保护器等设备，用于监测电路电流，防止因电气设备故障或电路短路等原因引发火灾等安全问题。

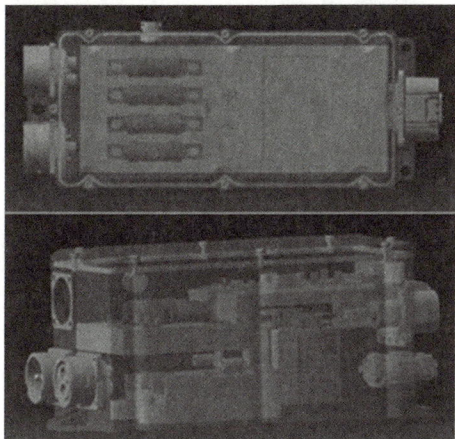

图 2-4-12　配电盒

七、最优搭铁点的判断

在车身金属薄板上有很多的搭铁点，但并不是所有的搭铁点都是优良的，因为车辆存在各种各样的问题，如生产缺陷、维修缺陷、事故等，都会造成搭铁点接触不良。在测量过程中，需要使用车身搭铁点时，需要对使用的搭铁点做出判断。最优搭铁点判断如图 2-4-13 所示，其判断方法如下：

（1）按照图 2-4-13（a）测量当前蓄电池电压。蓄电池电压不应低于 12 V，若电压低于12 V，则表明当前电压不足，会对维修造成误判（当前电压值不符合标准，造成判断错误）。

（2）按照图 2-4-13（b）测量选用搭铁点与蓄电池正极之间的电压值。

（3）用图 2-4-13（a）测量值减去图 2-4-13（b）测量值，若电压降小于 0.1 V，则证明选用搭铁点正常，符合技术要求，可以作为选用测量点正常使用。

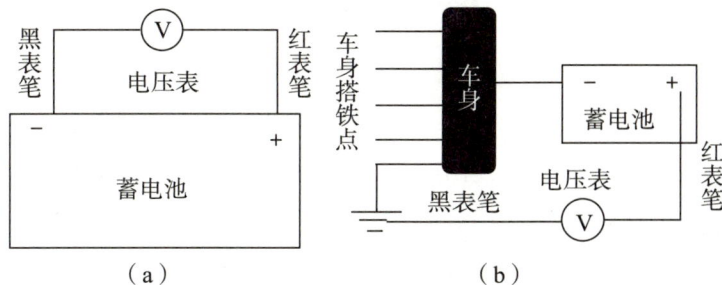

图 2-4-13　最优搭铁点判断

任务五　汽车电气系统的故障种类及工作条件

一、汽车电气系统的故障种类

汽车电气系统的故障总体上可分为两大类：一类是电气设备故障，另一类是线路故障。

1.电气设备故障

电气设备故障是指电气设备自身丧失其原有机能，包括电气设备的机械损坏、烧毁，电子元件的击穿、老化、性能减退等。在实际使用和维修中，常常因线路故障而造成电气设备故障。电气设备故障一般是可修复的，但对于一些不可拆卸电子设备，只能进行更换。

2.线路故障

线路故障包括断路、短路、接线松脱、接触不良或绝缘不良等。接触不良这一类故障有时容易出现一些假象，给故障诊断造成困难。例如，某处地线与车身出现接触不良，就有可能造成电气设备开关失控，电气设备工作出现混乱。这是因为搭铁线多为几个电气设备共用，一旦该处搭铁线出现接触不良，电气系统就会把多个电气设备的工作电路联系到一起，然后通过其他线路找到搭铁途径，从而造成一个或多个电气设备工作异常。

二、汽车电气系统的工作条件

汽车电气系统的工作条件包括温度和湿度变化、波动的电压、电气设备间的相互干扰、剧烈的振动及尘土的侵蚀等。

1.温度与湿度

汽车电气系统温度变化包括两方面：一是外界环境温度变化，二是使用温度变化。它与电气设备工作时间的长短、布置位置，以及电气元件自身的发热、散热条件密切相关。对于电子元件来讲，较高的使用温度是造成过热损坏的主要原因。

在湿度较大的环境下，水分子对电子元件的浸润作用将会增加，使得电子元件的绝缘性能下降进而影响电气设备的工作性能。

2.波动的电压

汽车电气系统的电压波动可分为两种：一种是正常范围内的波动，即从蓄电池的端电压到电压调节器起作用的电压之间的波动；另一种为过电压，过电压将对汽车上的电子设备带来极大危害。其中，过电压从其性质来分，可分为非瞬变性过电压和瞬变性过电压。

非瞬变性过电压主要是由于发电机调节器失灵，或其他原因引起发电机激磁电流不经过调节器，导致发电机电压升高到非正常值。这种故障若不及时排除，则会使整个充电系统的电压一直处于不正常的高压，过电压有时可高达 100 V 以上。它会使蓄电池的电解液沸腾，甚至使电气设备烧毁。

瞬变性过电压对汽车电子元件危害很大,它的产生主要有以下3种情况:

(1)当汽车关闭点火开关时,由于发电机的磁场绕组与蓄电池之间的通路被瞬间切断,从而使磁场绕组中感应出以指数规律变化的负电压,其反向峰值可达50~100 V,甚至更高。该脉冲由于没有蓄电池吸收,所以以极易引起电子元件的损坏。

(2)在汽车运行中,若发电机与蓄电池之间的导线意外松脱,或者在没有蓄电池的情况下突然断开其他负载,发电机端电压瞬间可升高很多,极限情况可达100 V以上,且可维持0.1 s左右。对于一些过电压敏感的电子元件,这样的过电压足以造成损坏或误动作。

(3)当电感性负载(喇叭、电机、电磁离合器等)处于切换状态时,将在电路中产生高频振荡,振荡的峰值电压可达200 V以上,但其持续时间较短(300 μs左右),一般不能引起电子元件损坏,但对于具有高频的控制系统,如电控汽油喷射系统,往往会引起误动作。

3.电气设备间的相互干扰

由于各个电气设备的工作方式不同,它们之间往往会以不同的方式彼此干扰。通常将汽车上所有电气设备能在车上正常工作而不干扰其他电气设备正常工作的能力称为汽车电气设备的相容性。任何因素及激出的振荡都会通过导线等以电磁波的方式发射出去,势必对其他电子系统产生电磁干扰。因此,如汽车上应用的计算机等,都应具有良好的屏蔽措施。一旦屏蔽被破坏,就会导致其工作异常。

4.其他

汽车行驶中不可避免地会产生振动和冲击,这将造成电子设备的机械性损坏(脱线、脱焊、触点抖动、搭铁不良)。尘土和有害气体的侵蚀会导致接触不良、绝缘性能下降等故障。

任务六　汽车电气故障诊断方法

汽车电路发生的故障主要有断路、短路、电气设备的损坏等。为了能迅速、准确地诊断故障,下面介绍几种常见的诊断方法。

1.直观诊断法

当汽车电路发生故障时,有时会出现冒烟、火花、异响、焦臭、发热等异常现象。这些现象可通过人的眼、耳、鼻、身感觉到,从而可以直接判断出故障所在部位。

2.断路法

当汽车电气设备发生搭铁(短路)故障时,可用断路法进行判断,将疑似有搭铁故障的电路断路后,根据电气设备中搭铁故障是否仍然存在,判断电路搭铁的部位和原因。例如,在汽车行驶中,若听到电喇叭长鸣,则可以将继电器"按钮"接柱上的导线拆开,此时若喇叭停鸣,则说明喇叭按钮至继电器这段电路中有搭铁现象。

3.短路法

当汽车电路中出现断路故障时,可以用短路法进行判断,即用起子或导线将疑似有断路故障的电路短接,观察仪表指针变化或电气设备工作情况。例如,若怀疑汽车电路中的各种开关有故障,则可用导线将开关短接来判断开关是否良好。

注意:此检测方法适用于电子系统控制较简单的车型,不适合电子系统控制较复杂的高档车型,否则容易烧坏电控单元。

4.仪表法

仪表法是指观察汽车仪表板上的电流表、冷却液温度表、燃油表、机油压力表等的指示情况,判断电路中有无故障。例如,当发动机处于冷态并打开点火开关时,冷却液温度表指示满刻度不动,说明冷却液温度表传感器有故障或该处线路有搭铁故障。

5.试灯法

试灯法就是用一个车用灯泡作为试灯,检查电路中有无断路故障。例如,用试灯的一端和交流发电机的电枢接线柱连接,另一端搭铁。若灯不亮,则说明蓄电池至交流发电机电枢接线柱间有断路现象;若灯亮,则说明该段电路良好。

注意:此检测方法适用于电子系统控制较简单的车型,不适合电子系统控制较复杂的高档车型,例如大众 PQ35 平台以上车型,若采用此方法检测,容易烧坏电控单元。大众车系的部分电路是电控单元控制继电器,继电器线圈的电阻一般在 140 Ω 左右,试灯应用 12 V/3 W。若继电器线圈断路,则通过试灯的电流为 0.25 A(冷态),但当灯泡处于热态时(电阻降至冷态时的 1/10),则通过灯泡和电控单元控制末级电流将达到 2.5 A,超过了电控单元控制末级电路电流 25 μA,将会造成电控单元烧坏。

6.高压试火法

高压试火法就是对高压电路进行试火,观察电火花状况,判断点火系统的工作情况。具体方法为:取下点火线圈或火花塞的高压导线,将其对准火花塞或缸盖,并保持距离约 5 mm,然后接通起动开关,使发动机转动,观察其跳火情况。如果火花强烈,呈天蓝色,且跳火声较大,则表明点火系统工作基本正常,反之,则说明点火系统工作不正常。

7.机件更换法

对于难以诊断且故障涉及面大的故障,可利用更换机件的方法来确定或缩小故障范围。

8.仪器法

仪器法是指利用万用表、各种诊断仪对电路及元件进行故障诊断。仪器法是目前采用最多的一种故障诊断方法。

任务七　常见电气元件的更换

一、继电器的更换

图 2-7-1 所示为继电器拆卸/安装图。

1.拆卸程序

(1)定位车辆中的继电器。

(2)拆下固定继电器的紧固件。

(3)拆下连接器定位器装置或副锁。

(4)从线束连接器 2 上分离继电器 1。

注意:如果继电器是用紧固件或胶带固定的,则从线束连接器上拆下继电器时要当心。

2.安装程序

(1)将继电器 1 连接到线束连接器 2。

(2)安装连接器定位器装置或副锁。

(3)用原来固定继电器的紧固件或胶带将继电器安装到位。

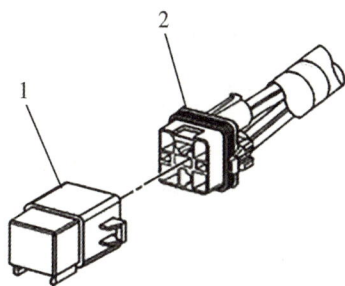

图 2-7-1 继电器拆卸/安装图

1—继电器;2—线束连接器

二、保险丝盒的更换

图 2-7-2 所示为保险丝盒的拆卸/安装图。

1.拆卸程序

(1)断开蓄电池负极。

(2)松开蓄电池保险丝盒盖上的固定凸舌 1。

(3)用合适的螺丝刀 2 从开口 3 松开卡夹 4。拉开蓄电池保险丝盒壳体,切勿拉扯翻盖。

(4)打开蓄电池保险丝盒盖 7。

(5)拆下连接到起动机螺母 8 的蓄电池正极电缆。

(6)将起动机电缆 9 连接的蓄电池正极电缆从蓄电池上拆下。

(7)拆下 2 个车身线束螺母和车身线束。

(8)拆下保险丝盒 6。

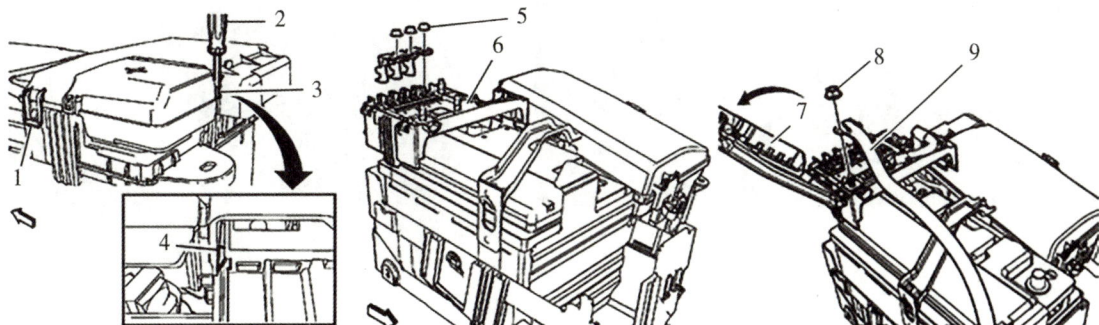

图 2-7-2 保险丝盒拆卸/安装图

1—固定凸舌;2—螺丝刀;3—开口;4—卡夹;5—保险丝盒固定螺母;6—保险丝盒;7—保险丝盒盖;

8—起动机螺母;9—起动机电缆

2.安装程序

(1)安装保险丝盒。

(2)安装车身线束和2个车身线束螺母,并紧固至扭矩为4.7 N·m。

(3)安装蓄电池正极电缆。

(4)将蓄电池正极电缆安装到起动机上。

(5)将蓄电池正极电缆安装至起动机螺母,并紧固至9 N·m。

(6)关闭蓄电池保险丝盒盖,锁定固定凸舌1和卡夹4。

(7)连接蓄电池负极。

任务八　保险丝和导线的维修

一、保险丝的维修

1.保险丝位置及功能说明

保险丝安装位置一般集中在车身几个位置,例如,前发动机舱、驾驶室、蓄电池附件等。图2-8-1所示为保险丝盒。

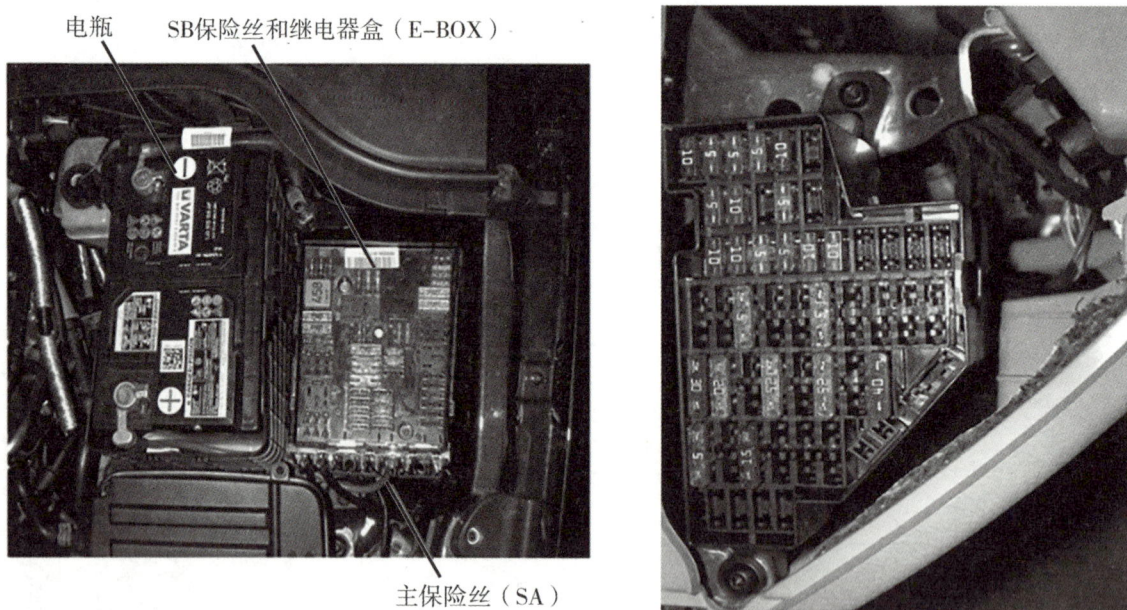

图 2-8-1　保险丝盒

现在大部分车型保险丝在盒盖位置并没有说明,需要借助维修手册或原车电路图来查找保险丝具体功能,图2-8-2所示为某型车保险丝功能说明。

1.3　保险丝分配，保险架 C-SC-

插槽	电路图中的名称	额定值	功能/部件	端子
SC1	未占用	—		—
SC2	未占用	—		—
SC3	未占用	—		—
SC4	未占用	—		—
SC5	保险丝座 C 上的保险丝 5-SC5-	5 A	数据总线诊断接口 -J533-	30
SC6	保险丝座 C 上的保险丝 6-SC6-	5 A	选挡杆 -E313-	30
SC7	保险丝座 C 上的保险丝 7-SC7-	10 A	暖风/空调操作 -EX21- 可加热惠普窗玻璃继电器 -J9- 模拟时钟 -Y- 后部空调装置操控和显示单元 -E265- 轮胎压力监控控制器 -J502-	30
SC8	保险丝座 C 上的保险丝 8-SC8-	10 A	车灯旋转开关 -EX1- 电控机械驻车制动器按钮 -E538- 雨水和阳光识别传感器 -G397- 诊断接口 -U31- 前部车内照明灯 -WX1-[3)] 仪表板左侧分位灯 -L229-[3)]	30

图 2-8-2　保险丝功能说明

2.维修

保险丝是最常用的汽车电路保护元件。一旦流经电路的电流过大,保险丝就会熔断,从而形成开路或断路。保险丝属于一次性保护装置,每次电路过载后都需要更换。即使如图 2-8-3(a)所示处保险丝未断开,也要用数字式万用表或导通性检测装置检查其导通性。为了确定保险丝是否断路,需拆下可疑的保险丝并检查保险丝中的元件是否损坏,如图 2-8-3(b)所示。如果元件损坏或疑似不导通,更换一个相同额定电流的保险丝即可。

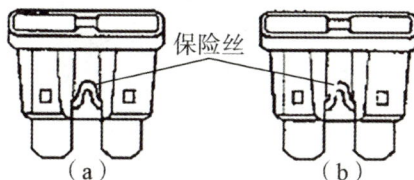

图 2-8-3　保险丝

二、导线的维修

1.扁平导线的维修

挠性线束中的扁平导线不能维修。如果挠性线束开路或短路,则必须更换整个线束。

2.高温线路的维修

应当注意,所有线路维修都需要离加热区域 200 mm 以上。要考虑的部位应是所有靠近排气歧管、催化转化器、排气管和涡轮增压发动机的区域。

(1)所需工具。所需工具有压接和密封接头的接头密封套管、保护接头套管的高温热缩管。

（2）端口引线或引线。当将端子从连接器上拆下的工具用于修理损坏的导线时，应当使用额定持续温度为150℃且与原导线相同规格或更高规格的高温粗线。同时，在更换时，应更换拆下的耐热胶带。

（3）高温线路。若长时间接触135℃或者更高温度的线路，则可能需要使用比普通材料有更高额定温度的导线、连接器和屏蔽电缆等。当修理高温部位时，应遵守如下内容。

1）应使用额定持续温度为150℃的高温粗线更换损坏的导线。

2）应更换拆下的隔热罩。

3）应用热缩管盖住密封套管。

4）在线路维修后，应确保线路没有移动到热源附近。

5）识别高温线路。

在长时间接触135℃或者更高温度的线路及进行修理时，需要特别注意可能接触高温的部位，可通过用在这些部位的耐热材料来识别，这些材料包括耐热胶带和高温热缩管等。维修技师在线路维修前应尽可能确定部位是否接触过热环境。

3.连接绞合线或屏蔽电缆

绞合线/屏蔽电缆可用于防止导线受电气噪声的影响。这种结构的双芯电缆用在收音机和扬声器、放大器装置之间，以及其他需要传送低电平的灵敏信号的应用场合。当修理绞合线/屏蔽电缆时，应注意如下内容。

（1）小心操作，避免割伤聚酯薄膜胶带屏蔽电缆（见图2-8-4）。

图2-8-4　聚酯薄膜胶带屏蔽电缆

（2）切勿拆卸胶带，因为在做好接头后，还要用这块胶带来重新包扎线芯。

（3）当松开线芯进行操作时，应遵照"用接头套管连接铜芯导线"的原则，并且建议将接头搭接约65 mm，维修接头如图2-8-5所示。应当注意的是当包扎聚酯薄膜胶带时，应使铝面朝内，从而确保与屏蔽电缆电气接触良好。

图2-8-5　维修接头

（4）可用聚酯薄膜胶带重新包缠线芯。如果聚酯薄膜胶带损坏，使用3M产品更换损坏的胶带，同时，也应按照铜芯导线的连接说明连接屏蔽电缆，如图2-8-6所示。将屏蔽电缆缠绕在线芯上，并用绝缘胶带包裹好，以代替外绝缘层。

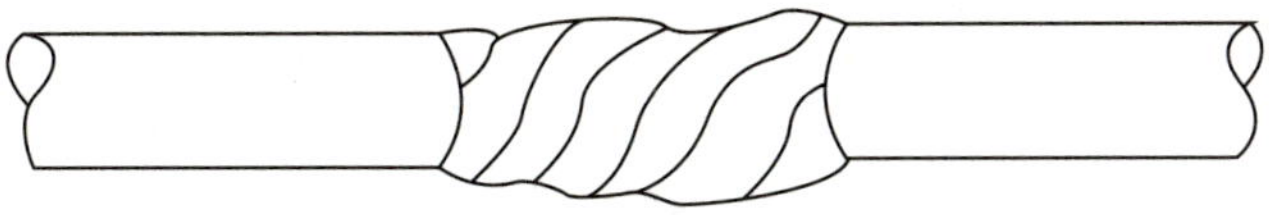

图 2-8-6　屏蔽电缆维修

（5）用胶带包扎整个电缆，包扎胶带时，采用缠绕方式。

项目三

蓄电池

孟剑锋是北京工美集团的一名錾刻工艺师，从 19 岁学习首饰加工起，在这个岗位上一干就是 28 年。孟剑锋回忆，当年刚入厂时，师傅曾让他练习基本功，枯燥的动作他重复了一年有余。当他有些灰心之时，师傅教导他，做事情要坚持，不要半途而废。"坚持不一定成功，坚持到底就是成功"，师傅的这句话，他记了一辈子。

思维导图

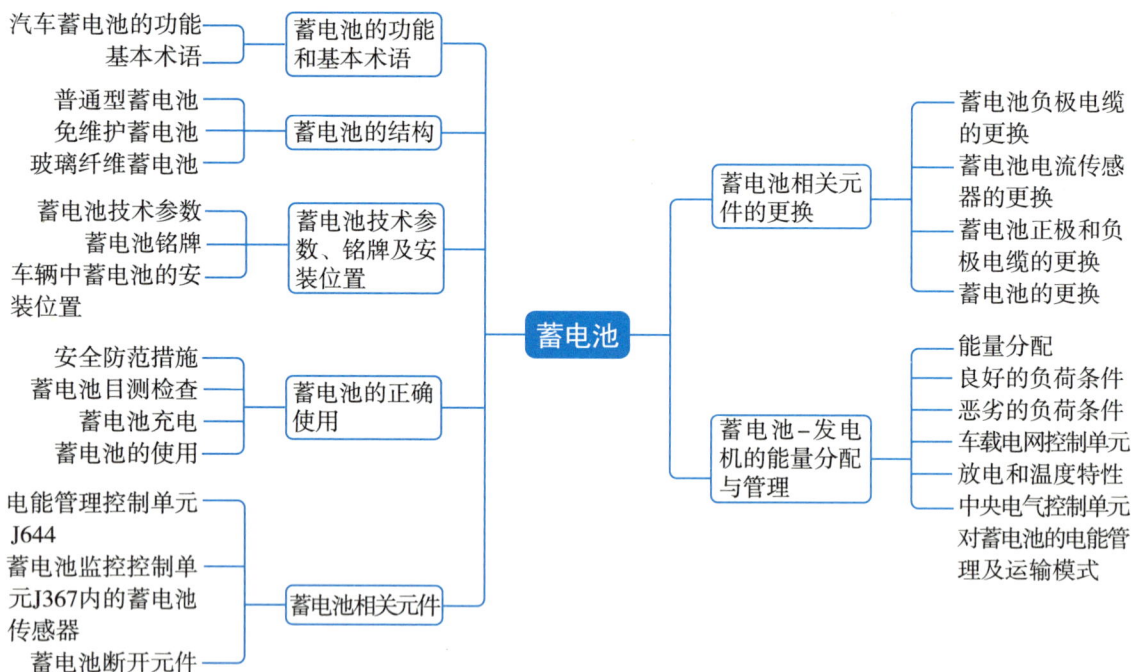

📖 知识目标

(1)掌握铅酸蓄电池的型号和工作特性;

(2)掌握蓄电池的工作原理。

👤 能力目标

(1)能够对蓄电池合理地进行充电;

(2)能够排除电源系统故障。

👤 项目导言

蓄电池是汽车的心脏,为汽车提供起动、点火、电力系统和电子设备所需的电力。汽车蓄电池实际上是一种可充电电池,它主要由一系列被称为电池单元的化学反应器件组成。这些电池单元被连接在一起,形成了一个整体,以提供所需的电力。常见的汽车蓄电池通常使用铅酸电池技术,它们以铅和铅酸溶液作为主要的电极材料和电解液。汽车蓄电池在提供电力方面发挥着关键作用,我们需要注意蓄电池需要定期维护,确保其性能的最佳状态。

任务一　蓄电池的功能和基本术语

汽车的发动机及车载电气设备,如驻车照明、音响视频、点烟器、报警装置、全球定位系统(GPS)等,都是由蓄电池供电。蓄电池是一种能储存和产生电能的电化学装置。作为能储存电能的可逆直流电源,蓄电池有许多种类。一般来说,根据其内部介质可分为铅酸蓄电池、镍镉蓄电池、镍氢蓄电池、锂蓄电池、太阳能蓄电池、燃料蓄电池等。汽车用蓄电池普遍采用铅酸电池,有时也称为铅酸电瓶。铅酸电池相对于其他种类的蓄电池,具有造价低廉、起动电流大、可逆性好、电压特性平稳、适用范围广等优点。

汽车蓄电池的正确使用与维护是汽车维修、日常保养的重要工作内容之一,而针对汽车蓄电池的常见故障,如亏电、漏电、短路、开路、容量下降、性能恶化等现象的正确判别与排除,是一个汽车维修专业技术人员应具备的一项基本技能。因此,本任务的目标就是在了解铅酸蓄电池的构造与工作原理的基础上,学会正确使用与维护蓄电池(本项目后面所写蓄电池皆指铅酸蓄电池)。

一、汽车蓄电池的功能

汽车蓄电池的主要功能如下。

(1)在起动发动机时,蓄电池驱动起动电动机、点火系统、电子燃油喷射系统和其他为发动机服务的电气设备。在发动机没有运行或汽车充电系统没有工作时,它给汽车附件提供电能。

（2）当汽车发电机所输出的电能不能满足用电要求时，蓄电池能在有限的时间内补充提供。

（3）蓄电池充当整个汽车电气系统的稳压器，以弥补发电机输出电压的波动。

当汽车发动时，起动发动机短时间内需要蓄电池提供 100～300 A 的电流，所以要求汽车蓄电池有大电流放电能力。这个能力不仅与蓄电池自身有关，而且受到温度、发动机功率和发动机状况等因素的影响。

在发动机起动后，汽车充电系统开始给蓄电池充电并为电气系统的运行供给电流。汽车充电系统的核心是与发动机联动的交流发电机。大多数交流发电机的最大输出电流为 60～120 A。通常来说，这个范围内的电流能够满足汽车电气系统正常运转所需的电能。不过在某些状况下（如发动机怠速运转时），发电机输出的电流是低于其最大额定值的。此时，如果开启过多的电气附件（如加热器、刮水器、前照灯和收音机等），则消耗的电流可能超出交流发电机提供的额定范围，那么在这段时间内，则由蓄电池提供附加的补充电流。

在点火开关断开后，汽车内的一些设备也要求蓄电池继续提供电能以保持设备的正常工作。这种在点火开关断开后依旧由蓄电池提供电能的负载称为切断负载或寄生负载，例如时钟、记忆座椅、发动机计算机内存、车身计算机内存和电子发声系统内存等。不过在这种情况下，蓄电池总的电流消耗很小。

还有一种情况，就是当汽车充电系统失效时，蓄电池必须提供驱动汽车所需的全部电流。当其放电电流太低而不能保持发动机运转之时，大多数蓄电池将提供一个 25 A、120 min 的备用容量来满足应急补充的要求。蓄电池的备用容量，就是蓄电池以一定的电流速率放电直到电压降低于某特定值的放电时间量。

二、基本术语

（1）安培（A）：电流的单位。

（2）安培·小时（A·h）：蓄电池容量的单位。

（3）铅酸蓄电池：在充电状态下，正电极有效物质是二氧化铅，负电极有效物质是铅，其电解液由稀硫酸构成。

（4）模块箱：具有多个单格电池的装置。模块由隔板分离。

（5）端盖：用于覆盖模块箱中的多个单格电池，通过塑料焊接与模块固定连接。

（6）密度：质量和体积的比值，单位为 g/cm^3 或 g/mL。

（7）分解：分子分离成更简单的构成部分。

（8）电解液：将电极互相连接的离子导体。对于铅酸蓄电池来说，是用蒸馏水稀释的硫酸。

（9）电解液液位：湿蓄电池中，电解液的液位与酸液位相同。

（10）接线端子：用于释放蓄电池总电压或输入充电电压。

（11）放电：将化学能转化为电能（电流方向与充电时相反）。

（12）放电结束电压：规定的电压，使用分配的电流放电时不允许低于该电压。达到放电结束电压时,放电结束。

(13)放气管路:对于带有放气管路的蓄电池,产生的混合气通过塑料软管(放气软管)排放到外界无危险的位置。

(14)产气:铅酸蓄电池电极上气体的生成。特别是充电结束时,铅酸蓄电池会通过将电解液中的水分解成氢气和氧气来更强烈地产生爆鸣气。

(15)起泡电压:超过此电压,蓄电池明显开始产生气体。

(16)发电机:这里指的是车辆发动机驱动的、用于给用电器和车辆中蓄电池充电、供电的发电机(三相发电机带整流器)。

(17)栏板:活性物质的载体。

(18)整流器:将交流电转换为直流电的装置。所有的12 V三相发电机都有一个集成的整流器。

(19)离子:带电的原子或分子。原子或分子在中性状态时电子数和质子数完全一样多。当原子或分子比中性状态时多出或减少一个或几个电子时,就产生了电荷及离子。离子在失去电子时带正电,在得到电子时带负电。

(20)电离:将原子或分子转化到带电状态。

(21)电容:可从蓄电池提取的电量。

(22)端子电压:蓄电池两个接线端子之间的电压。

(23)爆鸣气:氢气和氧气组成的易爆混合气体。

(24)充电:通过按特定方向流过蓄电池的电流将电能转化为化学能。

(25)充电电压:蓄电池充电时的电压。

(26)充电电流:蓄电池充电时的电流。

(27)充电状态:说明蓄电池充电的状态。

(28)使用寿命:直至蓄电池失效的运行时间。

(29)物质:活性板(电极)的构成部分,通电时进行化学转换。

(30)负极板:有效物质在蓄电池充电时由金属铅构成,在蓄电池放电时由硫酸铅构成。

(31)极板组:单格电池由正极板组和负极板组包括极板绝缘件(隔板)组合而成的单元。

(32)正极板:有效物质在蓄电池充电时由二氧化铅构成,在蓄电池放电时由硫酸铅构成。

(33)串联:前后连接电路或串联电路。在串联电路(例如6个单格电池串联成12 V蓄电池)中,相邻单格电池的不同极性端子互相连接。

(34)复合:通过分解或电离形成的带不同电荷的分子部分或正离子与电子复合为新的中性物质。

(35)复合电池:一款玻璃纤维蓄电池(AGM蓄电池)。它与湿蓄电池的区别除了由非过饱和玻璃纤维隔板实现了防漏性能外,主要还在于玻璃纤维蓄电池是封闭的。封闭表示每个单格电池都通过阀门与环境隔离。在玻璃纤维蓄电池标准运行模式下充电时,正极板上产生的氧气通过玻璃纤维中微小的气体通道到达负极板,并在该处与充电时产生的氢气结合重新生成水,这个过程也被称为复合。

(36)能量回收:回收利用制动时释放的能量。制动或滑行时释放的能量通过能量回收系统被发电机转换为电能。该电能被存储在蓄电池中,用于以后的加速过程。

(37)开路电压:蓄电池断开充电和放电电流时达到稳态值后的电极上的电压。

(38)酸液位:湿蓄电池中,酸液位与电解液液位相同。

(39)快速充电:使用多倍充电电流在短时间内充电。快速充电只能实现蓄电池部分充电。注意:蓄电池不允许快速充电,因为这样会损坏蓄电池。

(40)硫酸:用蒸馏水稀释后在蓄电池中用作电解液。

(41)自动放电:通过蓄电池中的化学过程放电,蓄电池无用电器负荷。

(42)隔板:不同极性极板之间的可通过离子的隔离材料。湿蓄电池使用聚乙烯,玻璃纤维蓄电池(AGM 蓄电池)使用玻璃纤维。

(43)起动机蓄电池:主要用于发动机起动和点火。

(44)起动功率:发动机起动需要的功率。

(45)充电系数:充满电需要的电量与之前释放的电量之比。

(46)支援模式:在此模式中,蓄电池同时与用电器和充电器连接。也就是说,充电的同时用电器从蓄电池获取电能。例如,在诊断过程中支援模式可避免蓄电池放电。

(47)硫化:蓄电池有效物质转化为粗晶体硫酸铅。

(48)深度放电:释放电流,直到蓄电池端电压低于 10.5 V。当酸液密度小于 1.14 g/cm³ 且开路电压小于 11.9 V 时,蓄电池深度放电。

(49)黏度:液体材料的黏性程度。

(50)满充电:化学转化完成的充电。当充电后期酸液密度和电压不再上升时,铅蓄电池满充电。

(51)伏特(V):电压的单位。

(52)水:指蒸馏水。

(53)电池密封塞:用于封闭蓄电池端盖中的电池开口。

任务二　蓄电池的结构

一、普通型蓄电池

(1)结构:普通型蓄电池由正极板、负极板、隔板、外壳、联条、电解液和接线柱等构成。

(2)极板:极板(见图 3-2-1)分为正极板和负极板,其基本单元是板栅。板栅通常由铅合金制成,即在铅中加入 5%~6% 的锑来增加板栅的强度。板栅上有水平和垂直的直角相交的栅条,它是一种由氧化铅、酸和材料膨胀剂等制成的活性物质,被做成膏状物填压进板栅中。

负极板和正极板在每一个蓄电池单格电池中交替排列,图 3-2-2 所示为单格电池。每一个单格电池由9~13块极板组成。正极板和负极板彼此由微孔材料制造的隔板来绝缘。当所有正极板及所有负极板相互连接后,就构成了蓄电池中的一个单格电池。每一个单格电池的电压通常是2.1 V。

图 3-2-1　极板

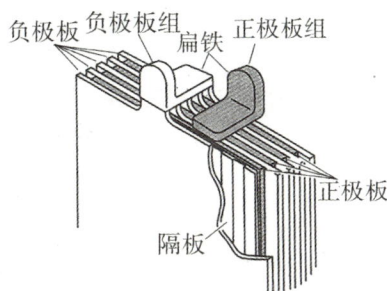

图 3-2-2　单格电池

(3)电压:一个典型的 12 V 的汽车蓄电池由 6 块内部串联的单格电池组成,其结构如图 3-2-3 所示。通过将单格电池串联,每个单格电池的电流容量和电压保持不变。由于 6 块单格电池中每一块都产生 2.1 V 电压,所以串联这些单格电池就产生了汽车电气系统所要求的12.6 V电压。

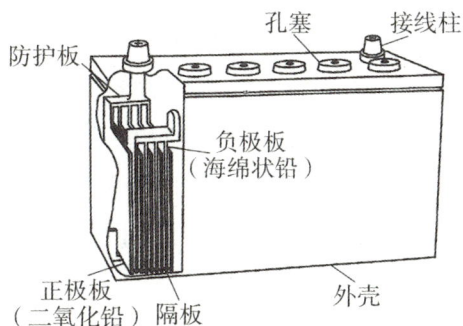

(4)联条:让一个单格电池的正极连接到另一

图 3-2-3　蓄电池结构

个单格电池的负极,构成串联。单格电池连接可能是隔板之上、穿过隔板或外部隔板中的一种,如图 3-2-4 所示。蓄电池单格电池浸没在一个充满电解液的单格电池基座中,汽车蓄电池中的电解液按质量由 64% 的水和 36% 的硫酸组成。

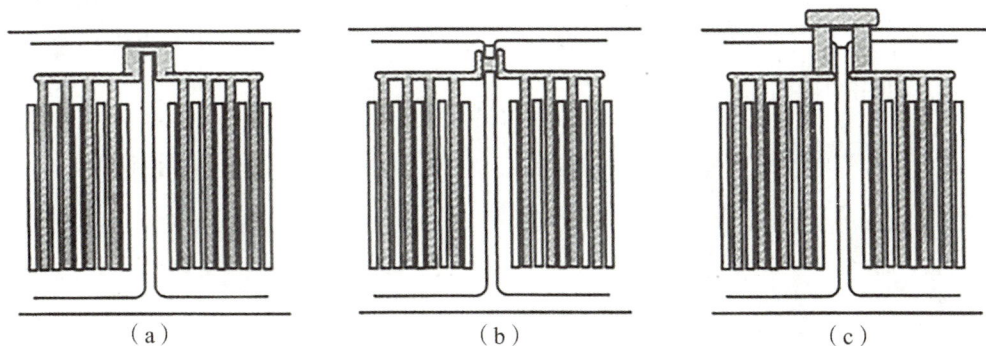

图 3-2-4　联条结构
(a)隔板之上;(b)穿过隔板;(c)外部隔板

(5)蓄电池外壳:由聚丙烯、硬橡胶和塑料基板等材料制成。外壳必须满足承受极端温度、振动和酸性腐蚀等要求。蓄电池单格电池端放在外壳底部凸起的支撑上。当升起单格电池时,在外壳底部可看到极板剥离沉淀物的空间。如果沉淀物没有包含在这些空间中,则它有可能会穿过极板的联条并使单格电池短路。

由于常规蓄电池在充电时释放氢气，因此，蓄电池外壳设有排气口。排气口位于常规蓄电池外壳的盖子里，如图 3-2-5 所示。

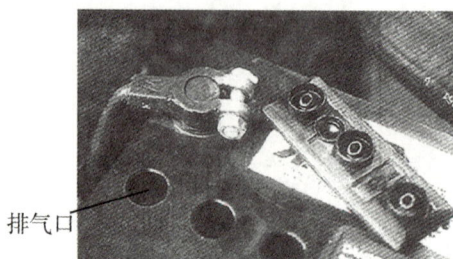

排气口

图 3-2-5　蓄电池外壳

二、免维护蓄电池

免维护是指平时不需要向蓄电池的每个单格电池中加水。这种蓄电池是密封的，如图 3-2-6 所示。它与常规蓄电池相比，只是单格电池极板的材料稍有不同。极板板栅中掺入钙、氟或银等，能减少气体排放和自身放电。气体排放是由于蓄电池的电解过程，即水电解为氢气和氧气。在免维护蓄电池中没有使用锑，其原因是过充的低阻力使免维护蓄电池增加了水分解成氢气和氧气的量。

免维护蓄电池的每一个极板都被一个外壳设计的隔板包裹并在三边上封闭。外壳由微孔塑料制成。通过将极板装入一个外壳中，极板被隔离而且减少了活性材料从极板脱落的可能，这样可以延长电池的使用寿命。

免维护蓄电池除了有一个小的通风孔外，其他地方都是密封的，这样电解液和蒸汽便不能溢出，图 3-2-7 所示为蓄电池密封结构。为了防止由于膨胀而造成外壳爆裂，因此设计了一个膨胀"收缩室"，使"水"浓缩并排回蓄电池单格电池中。这样水就无法从蓄电池中溢出，故在蓄电池的整个使用周期内，都没必要加水。

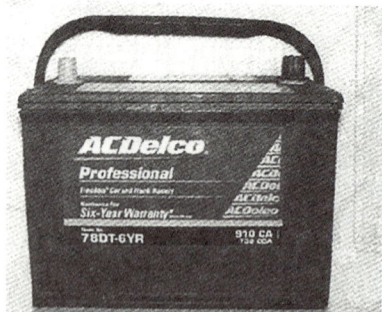

图 3-2-6　免维护蓄电池

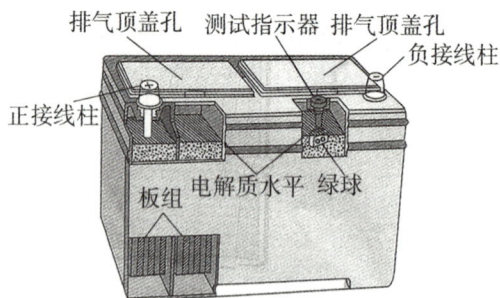

排气顶盖孔　测试指示器　排气顶盖孔　负接线柱　正接线柱　板组　电解质水平　绿球

图 3-2-7　蓄电池密封结构

有些免维护蓄电池有一个内置的显示充电状态的液体比重计。液体比重计是一种用于检查电解液密度从而确定蓄电池充电状态的测试仪器。如图 3-2-8 所示，通过电池顶部的窥镜观察,如果在液体比重计底部的圆点是绿色的,则说明蓄电池已完全充电(充电量超过65%);如果圆点是黑色的,则说明蓄电池亏电,需充电。这样就解决了由于蓄电池的密封而不能通过外部液体比重计来测试电池状态的问题。需要注意的是,内置的液体比重计只是指示蓄电池单格电池中其中一个的充电状态,实际使用中要注意这点。

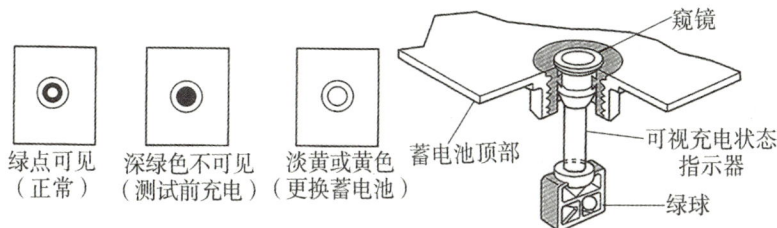

图 3-2-8 蓄电池观察窗

很多制造商已经将免维护蓄电池修正为"少维护蓄电池",这种蓄电池的内盖可为了测试及电解液水平检测而移开。同时,板栅构造也包含大约3.4%的锑合金。为了减小电流流入板栅通道的距离及增加其强度,在制造工艺上采用水平和垂直栅条不直角相交的方案。图 3-2-9 所示为含锑合金极板。

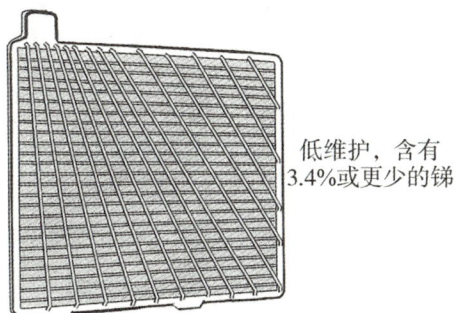

图 3-2-9 含锑合金极板

三、玻璃纤维蓄电池

图 3-2-10 所示为玻璃纤维蓄电池,也称作 AGM 蓄电池或者复合电池,用于带自动起停系统和能量回收的车辆。玻璃纤维蓄电池是硫酸被束缚在玻璃纤维中的蓄电池。这种蓄电池类型可以从蓄电池盖上的 AGM 字样和全黑色蓄电池外壳识别出来。AGM 是 Absorbent Glass Mat(吸附式玻璃纤维棉)的缩写。它指的是由非常细小的网状玻璃纤维构成的具有很强吸水性的玻璃纤维。因此,所有硫酸都被玻璃纤维吸附住,用于防止泄漏,但蓄电池外壳仍然有可能溢出极少量的硫酸。

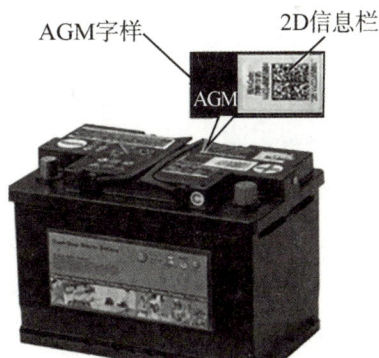

图 3-2-10 玻璃纤维蓄电池

(1)结构特征:①黑色蓄电池盖,黑色外壳;②无酸液位显示;③隔板在玻璃纤维中;④封闭(单格电池阀门带过压时的排气功能);⑤2D 信息栏,用于通过扫描仪快速识别。

(2)优点:①免维护,防漏;②无极板运动;③无酸液分层;④使用寿命长;⑤功率较高;⑥可靠性高;⑦可在直至 25 ℃ 的情况下确保冷起动安全;⑧可用于非常频繁的充放电过程。

(3)缺点:①造价高;②比湿蓄电池温度敏感性更高;③只要玻璃纤维蓄电池(AGM 蓄电池)安装了隔热保护装置,在更换蓄电池时就必须要重新安装。

任务三　蓄电池技术参数、铭牌及安装位置

一、蓄电池技术参数

1.电容

电容(C)是蓄电池或单格电池可提取的电量(电流乘以时间的结果),测量单位为安培·小时(A·h)。电容取决于放电电流、蓄电池温度和老化程度。可用电容随放电电流的增大和环境温度的降低而严重减小。

2.额定电容

额定电容($C20$)是制造商规定的蓄电池电容。它是新蓄电池可存储的电量标准。新充满电的蓄电池在温度25±2 ℃下,在 $t=20$ h 时间内必须输出放电电流 $I=C/t$,且蓄电池电压 U 不得低于 10.5 V。

示例:一个蓄电池为 12 V、80 A·h,即蓄电池电压 U 为 12 V,额定电容 $C20$ 为 80 A·h,放电时间 t 为 20 h。

也就是说,新充满电的 80 A·h 蓄电池必须在放电电流 4 A 时保证在 20 h 后超过规定的电压 10.5 V。额定电容对于设计车载电网中的持续用电器很重要。

3.低温试验电流

蓄电池在低温时的起动能力通过低温试验电流表示。低温试验电流是规定的放电电流,在该电流下,刚刚充满电的蓄电池在 18 ℃下,不会在规定的时间低于规定的电压极限。

4.充电系数

充电时充入的电量总是比重新释放的电量要大。这是因为在充电时总是由于发热和化学副反应造成能量损失。因此,要给蓄电池100%充电,通常情况下必须输入消耗电量的105%~110%。

5.电池电压

电池电压是单格电池正极板和负极板之间的电压。它主要取决于充电状态(酸液密度)和蓄电池温度。

6.额定电压

车辆蓄电池单格电池的标准额定电压为 2 V。整个蓄电池的额定电压由单格电池的电压乘以单格电池的数量得出。对于带 6 个单格电池的车辆蓄电池,标准额定电压为 6×2 V = 12 V。

7.端子电压

端子电压是蓄电池两个接线端子之间的电压。

8.起泡电压

起泡电压是一个充电电压,超过此电压,蓄电池明显开始产生气体。这个电压受温度的影响很大。每个单格电池的起泡电压为 2.4 V。析气是电解蓄电池溶液中包含的水,此时产生高爆炸性爆鸣气:氢气(H_2)和氧气(O_2)的混合气。

二、蓄电池铭牌

蓄电池铭牌用来描述蓄电池性能和分配的数据,以图3-3-1所示铭牌进行说明。

(1)000 915 105 DE:大众汽车原厂备件编号。

(2)12V:蓄电池电压,单位为V。

(3)61Ah:额定电容($C20$),单位为A·h。

(4)330A DIN:在-18 ℃情况下,低温试验电流根据DIN数据,单位为A。

(5)540A EN/SAE/GS:在-18 ℃情况下,低温试验电流根据EN、SAE和GS数据,单位为A。

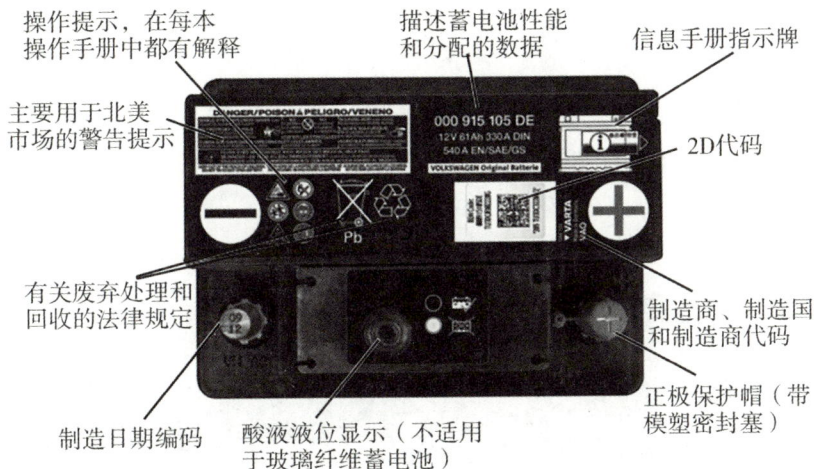

图3-3-1　蓄电池铭牌

1.缩写说明

DIN:德国标准化协会(Deutsches Institut für Normung)。

EN:欧洲标准(European Norm)。

SAE:汽车工程师学会(Society of Automotive Engineers)。

2.制造商、制造国和制造商代码

蓄电池标签上存在不同编码形式的制造商数据,图3-3-2所示为制造标识。

(1)VARTA:制造商名称。

(2)Made in Germany:制造国。

(3)VAO:加密的Varta制造工厂名称(制造商代码)。

3.2D 代码

在所有蓄电池上,都存在其独有的2D代码,如图3-3-3所示。设置2D代码具有以下目的:通过将这个车辆独有的代码与车辆识别代号(VIN)归档到一个数据库中,将工厂中制造的蓄电池固定分配到相应的车辆上,可追溯蓄电池制造方式和方法,在召回活动中,可立即知道所涉及的车辆。2D代码加密了很多信息,如备件编号、制造日期、制造代码、制造工厂国际代码数字、组件编号、蓄电池技术标识、电容、低温试验电流等。

图 3-3-2　制造标识

图 3-3-3　2D 代码

4.制造日期代码

蓄电池端盖前侧贴有一张彩色标签,上面有一个字母(见图 3-3-4)。这个标签以加密的形式显示制造日期代码、生产年份和季度。这个标签是为经销商设计的。

制造日期代码

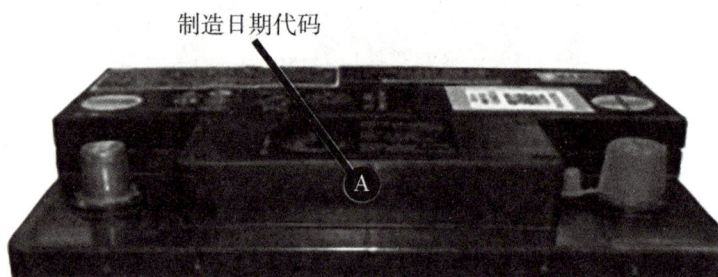

图 3-3-4　制造日期代码

三、车辆中蓄电池的安装位置

车辆中蓄电池的安装位置对其运行性能有很大的影响。蓄电池最佳的安装位置必须满足以下标准:

(1)便于售后服务和维护操作中的接触;

(2)保护蓄电池不受过热或过冷的影响;

(3)保护蓄电池不受潮湿、沾机油、燃料和机械的影响;

(4)保护乘员不受蓄电池排出气体的影响和碰撞情况下溢出硫酸的影响。

1.蓄电池安装在发动机舱内

如果蓄电池出于设计原因安装在紧靠发动机的位置或热辐射高的机组附近,高温可能对电池的抗老化性能产生负面影响。正极栏板的腐蚀、水的消耗和自放电都将提高。为了抵消这个过程,蓄电池通常安装玻璃纤维蓄电池热保护装置。

2.蓄电池安装在行李箱内

事故后车辆若没有四轮着地,则蓄电池酸液可能溢出,存在乘员受到伤害的风险。为了降低这个风险,蓄电池安装在行李箱内时,原则上要使用倾斜角优化的湿蓄电池或防漏的玻璃纤维蓄电池。

蓄电池安装在发动机舱内或行李箱内时需要配置一根排气软管。

任务四　蓄电池的正确使用

一、安全防范措施

在对蓄电池进行检修之前,为了避免事故的发生,必须遵循以下预防措施。

(1)蓄电池酸液非常具有腐蚀性,不要让它接触皮肤或衣物。如果酸液不慎进入了眼睛,应立即用清水进行彻底的冲洗并立即到医院接受治疗。如果皮肤不慎接触到了酸液,应立即用清水冲洗,在水中加入碳酸氢钠有助于中和酸液。如果不慎吞食了酸液,应饮用大量的水、牛奶、镁乳、鸡蛋或菜油等,并立即就医。连接蓄电池电路时,应小心地观察极性,保证极性一致(正极对正极、负极对负极)。

(2)在断开蓄电池电缆时,一定先断开负极(接地)电缆。

(3)在连接蓄电池电缆时,始终最后连接负极(接地)电缆。

(4)避免蓄电池靠近任何的燃弧或明火。蓄电池循环产生的蒸汽是非常易爆的,故不要在蓄电池周围吸烟。

(5)在充电时,要遵循厂家指导,应在一个通风良好的区域充电。在充电器开启时,不要连接或断开充电器端子。

(6)在蓄电池液位过低时,不要加入电解液,只加入蒸馏水。

(7)在维修蓄电池时,不要佩戴任何首饰或手表。由于这些物品很多都是良好的导体,在意外接触蓄电池正极接线柱和接地时,通过它们的短路电流能造成严重烧伤。

(8)绝不要把工具横放在蓄电池上,因为它们可能接触到蓄电池的两个接线柱而造成蓄电池短路,从而可能造成蓄电池爆炸。

(9)在维修蓄电池时,要佩戴安全眼镜或面罩。

(10)当蓄电池电解液结冻时,在进行任何蓄电池维修或检测前,都要让它解冻。在解冻时,注意查看是否有泄漏。因为泄漏意味着蓄电池是破裂的,应该进行更换。

二、蓄电池目测检查

在执行任何电气检测前,都应该连同电缆和接线柱进行蓄电池检查。完整的蓄电池目测检查应包括以下事项。

(1)蓄电池生产日期(见图3-4-1)。检查蓄电池生产日期有助于判断蓄电池的时间长短。

(2)蓄电池的状况。检查是否有污垢、油脂和电解液,这些因素可能在接线柱之间建立电气连接并造成蓄电池漏电。同时也要检查排气孔顶盖是否损坏或丢失。破裂的箱体可能是由于蓄电池压紧夹具的过度扭紧、蓄电池壳体下方温度过高、蓄电池长时间未充电导致极板变形等造成的。

（3）电解液水平、颜色及气味。如果有必要，加入蒸馏水至高出极板顶部 12 mm 处。应使用蓄电池装瓶器来填充蓄电池，加注电解液如图 3-4-2 所示。在加入了电解液后，执行任何检测前先对蓄电池充电。如果电解液变色或者出现"臭鸡蛋"气味，就表明有过量充电率、过度深循环、电解液不纯或已是一个旧的蓄电池。

图 3-4-1　蓄电池生产日期

图 3-4-2　加注电解液

（4）蓄电池电缆和接线柱的状况。检查腐蚀、断裂的夹子，磨损的电缆和松动的接线柱，如图 3-4-3 所示。这些状况将导致在蓄电池接线柱和电缆末端之间有电压降。此外，检查接线柱是否曾有被锤击或电缆被不规范拆除过的迹象，检查电缆长度是否合适。

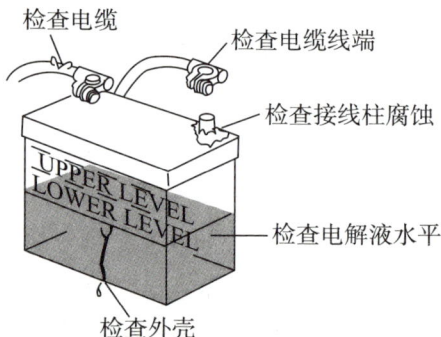

图 3-4-3　蓄电池状况检查

（5）蓄电池滥用。蓄电池滥用包括随意使用松紧绳作为压紧夹具、蓄电池容量选择太小和明显缺乏定期维护等现象。

（6）蓄电池支架和压紧夹具。检查支架和压紧夹具是否具有适当的严密性，同时也要检查其酸腐蚀迹象。必要时，进行更换。

（7）如果蓄电池有一个内置的液体比重计，要检查它的颜色指示器。

（8）栅格增长引起蓄电池极板短路单格电池。如果除一个单格电池之外，其他所有单格电池中都有正常的电解液水平，那么该单格电池可能被短路，同时电解液已被转换成了氢气和氧气。

三、蓄电池充电

1.注意事项

（1）在充电过程中不要拆卸通气孔盖。不要在充电器工作时连接或断开充电器端子。

（2）在天气较冷时对蓄电池充电前，检查电解液是否结冰，不要给结冰的蓄电池充电。因为强迫电流通过一个冰冻的蓄电池可能会引起爆炸。在充电前，应当先解冻。

（3）给蓄电池充电时以与放电时相反的方向传递电流通过蓄电池。当蓄电池需要再充电时，最安全的方法是把蓄电池从汽车上拆下。当然，根据情况也可以在汽车里给蓄电池充电。如果这样做，一定要拆除蓄电池的负极电缆以保护汽车计算机。

（4）在把蓄电池从汽车上拆卸下来时，首先要断开蓄电池的负极电缆，然后使用搬运工具把电池提出来（见图3-4-4），搬运时需备有安全装备（手套、护目镜）。

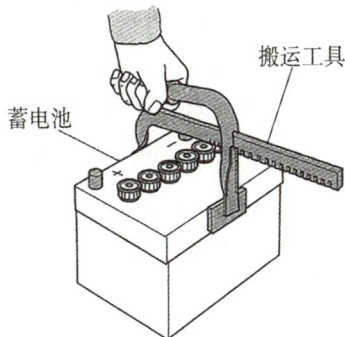

图 3-4-4　蓄电池搬运

2.慢速充电

慢速充电时充电电流为 3~15 A，充电时间较长。慢速充电对蓄电池有三个优点：一是它是唯一把蓄电池恢复到完全充电状态的方法；二是它把蓄电池的过充电可能性降到最低；三是最大化地让极板上的硫酸铅转变成二氧化铅及海绵状"铅"贯穿极板厚度。

3.快速充电

快速充电是利用大电流在短时间内升压蓄电池。快速充电会把蓄电池的荷电量提升到足够起动起动机的状态。然而，快速充电与慢速充电充电原理不一样。快速充电只是在极板的外面转换硫酸铅，这种转换没有通过极板。通常在快速充电到可以起动发动机的充电点之后，再使用慢速充电直到充满为止。

快速充电过程中要注意：对蓄电池始终要监控并且要控制充电时间。快速充电不要超过 2 h，因为过多的快速充电会破坏蓄电池。不允许 12 V 的蓄电池电压经快速充电后超过 15.5 V。

4.充电速率

充电速率是指在给定电流下蓄电池能被安全地再充电到一个给定点的速度。再充电蓄电池的充电速率取决于下面几个因素：

（1）蓄电池容量，大容量蓄电池要求更长的充电时间；

（2）充电状态；

（3）蓄电池温度；

（4）蓄电池状况。

慢速充电在蓄电池上是最容易的。然而，慢速充电要求一个较长的时间段。慢速充电的基本经验法则是一个单格电池中的每一块正极板都要充满。

维修技巧:如果蓄电池已处于过放电状态,则不要直接采用慢速充电。先并联一个完好的蓄电池(用跨接电缆),待快速充电 30 min 后,断开那个完好的蓄电池再对它进行慢速充电。

慢速充电由于充电时间长,所以有时会造成不便,这时就要采取快速充电。快速充电的充电速率与完全充满电的充电时间关系要严格遵守。

具体操作时,可在蓄电池接线柱上连接一个电压表。如果电压表的读数小于 15 V,则说明充电速率是低的。如果电压表读数超过了 15 V,则要减小充电速率直到电压读数不大于 15 V。保持电压在 15 V 能保证最高的充电效率和安全的充电速率。

注意:①为了防止对交流发电机和计算机的破坏,在对汽车中的蓄电池快速充电前,应断开蓄电池的负极电缆;②如果以超过 30 A 的电流快速充电超过 2 h,可能造成蓄电池永久性损坏。

有以下 3 种方法可以确定蓄电池是否完全充电。

(1)在蓄电池稳定后,蓄电池电解液的比例保持在 1.264 或者更高。

(2)在蓄电池稳定后,开路电压大于或等于 12.68 V。

(3)充电器上的电流表降至 3 A 或者更低,并保持这种水平至少 1 h。

5.凝胶蓄电池的充电

大多数凝胶蓄电池都会再充电,这是由于它们的内阻很低。然而,对凝胶蓄电池非常有害的是过度充电。由于凝胶蓄电池使用了一种特殊的密封设计,过度充电会迫使极板氢气通过安全阀而吸干电解液。

这种蓄电池不可以持续地充电不足,如果经常这样就会在正极板上面逐步生成一层硫酸盐,会阻挡电子流而导致电池充放电的效率下降,甚至可能会导致极板脱落、降低性能和缩短蓄电池寿命。

在凝胶蓄电池充电时,关键的是所使用的充电器在 20 ℃时,要适当地限制电压不超过14.1 V 和不低于 13.8 V。这就要求为凝胶蓄电池选择充电的专用设备。如使用较旧的蓄电池充电器,由于过高的充电电压和充电速率,蓄电池温升过高会破坏电池。使用过高的电压给凝胶蓄电池充电会使蓄电池寿命缩短。

目前,大多数先进的蓄电池充电器是与凝胶蓄电池相兼容的,并带有一个在普通电解液蓄电池和凝胶蓄电池之间转换的开关。使用时,注意检查并正确地选择。

四、蓄电池的使用

1.起动辅助

如果蓄电池放电而不能起动车辆,车辆可以借助外部电源起动。可以使用蓄电池起动器或起动辅助车辆的蓄电池作为外部电源。

(1)起动辅助车辆的蓄电池。起动辅助也可以使用其他车辆(起动辅助车辆)的蓄电池。对于这种起动辅助,需要合适的起动辅助电缆。通过这根电缆按照规定顺序将起动辅助车辆的蓄电池正极端子/起动辅助点(+)和蓄电池负极端子/起动辅助点(−)与接受起动辅助车辆的蓄电池正极端子/起动辅助点(+)和一个合适的接地接头连接起来。发动机缸体或与发动机缸体固定拧到一起的金属件或起动辅助点(－)可以用作接地接头。蓄电池位于车内的车辆在发动机舱内有一个或两个起动辅助点。

(2)连接起动辅助电缆。为了避免起动辅助装置损坏,必须注意以下基本规定:

1)起动辅助必须使用横截面足够大的起动辅助电缆和绝缘端子进行。

2)车辆之间不允许存在接触,否则在连接正极端子时会有电流流过。

3)敷设起动辅助电缆,使其不会被发动机舱内旋转的部件碰到。

4)放电的蓄电池必须正确连接到车载电网上。

5)两个蓄电池必须具有相同的额定电压。

6)供电蓄电池的电容必须与放电蓄电池的电容大体相当。

(3)起动发动机和断开起动辅助电缆。

1)当车辆发动机通过放电的蓄电池起动时,等待两三分钟,直至发动机顺利运行。

2)近光灯在断开起动辅助电缆之前必须关闭。

3)在带放电蓄电池的车辆中,打开暖风风扇和后窗玻璃加热,以降低断开时出现的尖峰电压。

4)在发动机运行时准确按相反的顺序断开起动辅助电缆,也就是说,首先断开负极连接,然后断开正极连接。

(4)起动辅助电缆。起动辅助电缆(也称为跨接电缆)由两根绝缘的导线构成,如图3-4-5所示。在每根导线的末端都有一个绝缘的端子钳。导线和端子颜色上有所不同,红色导线用于正极端子,负极端子或接地连接使用黑色导线。起动辅助电缆必须符合标准。导线剖面在带起动发动机的车辆中必须至少为25 mm,在带柴油发动机的车辆中必须至少为35 mm。足够的导线剖面可以防止过热。

图3-4-5　起动辅助电缆

2.蓄电池的更换

更换蓄电池时的操作步骤根据车辆型号、装备或市场的不同而不同。但还是有一些每次更换蓄电池时都要遵守的重要基本规定。

(1)蓄电池的拆卸。

1)解锁车辆。

2)关闭所有用电器。

3)关闭点火开关。

4)打开蓄电池热保护。

5)松开蓄电池负极接线端子的旋接件,拔下接地导线的蓄电池接线端子。

6)松开蓄电池正极接线端子的旋接件,拔下正极导线的蓄电池接线端子。

7)拧出固定螺栓,取出固定板或固定支架。

(2)蓄电池的安装。为了能够通过外壳底板固定蓄电池,根据 EN(欧洲标准),所有起动机蓄电池在纵向上都有一个底板。底板是蓄电池外壳的构成部分。有些蓄电池在较窄的一侧还有附加的底板。

为了确保蓄电池牢固固定,车辆中必须安装有底板的蓄电池,必要时必须拆除底板适配件。蓄电池电极不要沾油脂,否则接线端子可能松动。注意蓄电池在托架上的位置,必要时注意前后侧底板上的卷边。

(3)蓄电池的存放。当前大众汽车蓄电池允许的存放时间为 15 个月。尽管比旧蓄电池的存放时间长 3 个月,但还是要保管好蓄电池,不要超过允许的存放时间。蓄电池存放时必须确保不会产生短路和电火花。预先安装的正极保护帽要在安装之前才能拆下。蓄电池必须存放在阴凉黑暗、室内温度尽量不超过 20 ℃的地方。因为蓄电池开路电压及充电状态随着时间轴的降低程度取决于存放温度。仓库越凉爽,自动放电和充电状态就越不明显。在允许的 15 个月的存放时间内必须检查蓄电池充电状态,以便客户总是收到满充电的新蓄电池。交货时蓄电池开路电压不允许低于 12.5 V。在 12.3~12.5 V 之间的蓄电池,交货之前必须至少再充电一个小时。

任务五　蓄电池相关元件

一、电能管理控制单元 J644

2003 年,在奥迪 A8 车上首次使用了用于蓄电池和电能管理的控制单元。

由于车上使用的电子部件增多,所以加大了汽车对电能的需求,如果不控制电能的使用,那么就可能造成车上的可用电能大大下降的情况(在任何车况下都有可能出现)。

电能管理控制单元的主要任务是监控蓄电池的负荷状态,在极端情况下通过 CAN 调节用电器,通过功能切断将电流消耗降至最小,以保持最佳充电电压。这样做的目的在于防止蓄电池过度放电,从而保证车辆随时可以起动。

安装位置:电能管理控制单元 J644 安装在行李箱内右侧,蓄电池附近,如图 3-5-1 所示。

图 3-5-1　电能管理控制单元 J644 安装位置

功能原理:电能管理控制单元 J644 可持续监控蓄电池的状况,它会检查蓄电池的充电状态及起动能力。在发动机运转时,该控制单元会将发动机的充电电压调节到最佳状态,另外,该控制单元还可以卸掉载荷(减少用电器的个数)以及提高怠速转速。

为了避免在发动机关机的情况下出现静电流消耗,该控制单元在极端情况下可以通过CAN来关闭用电器,从而可避免蓄电池过度放电。

二、蓄电池监控控制单元 J367 内的蓄电池传感器

蓄电池是否有足够的电能来重新起动起动机,这个信息对于起动／关闭系统的工作来说是非常重要的一个前提条件。因此,蓝驱车上采用新的方式来连接吸附式玻璃纤维棉隔膜蓄电池,这包括一个集成在蓄电池监控控制单元内的新式蓄电池传感器,其安装位置如图 3-5-2 所示。该控制单元直接接在搭铁线的负极接线柱上,它通过 LIN 总线与数据总线诊断接口相连。

图 3-5-2　蓄电池传感器安装位置

1. 失效时的影响

如果蓄电池传感器损坏,那么长时间内将无法获知蓄电池状态的正确信息。于是,数据总线诊断接口的故障存储器内会记录一条故障信息,起动／关闭系统就被关闭了。

2. 信号应用

蓄电池传感器用于确定蓄电池温度、蓄电池电压、充电电流。蓄电池温度是根据特性曲线和环境温度计算出来的,根据这个温度可以推测出蓄电池负载作用的持续时间。借助于这些数据,就可以将充电调节情况和充电电压与蓄电池的充电和工作状态进行适配,其目的就是通过对蓄电池的详细数据评估来提高起动／关闭系统的可用性。

三、蓄电池断开元件

蓄电池安装在车辆发动机舱内或行李箱内时使用一个蓄电池断开元件。这个断开元件的任务是断开从蓄电池到起动机和发电机的导线。发生事故时,如果在发电机或起动机导线上出现短路,通过分离元件可以避免车辆起火。如果发生事故时触发了安全气囊,则会自动激活蓄电池断开元件。车尾碰撞时,随着安全带张紧器的触发也会激活蓄电池断开元件。

蓄电池断开元件可能使用以下部件:蓄电池断路引爆器 N253、蓄电池断开继电器 J655、蓄电池主开关和断开开关 E74。蓄电池断路引爆器 N253 位于安全蓄电池端子中。安全蓄电池端子总是直接固定在蓄电池正极上。蓄电池断路引爆器的推进剂引爆时,膨胀的气体推动锥形销沿箭头方向离开初始位置,如图 3-5-3 所示。锥形销被生成的气体推动后,通过一个支座避免它回退。由此,从蓄电池到起动机和发电机的导线保持断开。

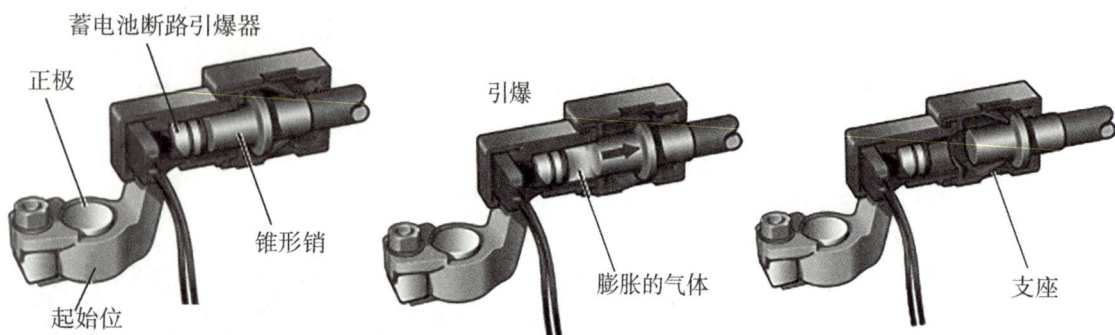

图 3-5-3　膨胀引爆装置

　　图 3-5-4 所示为膨胀引爆装置位置图。这种型号的蓄电池断路引爆器 N253 位于连接元件中。连接元件连接来自蓄电池的导线和起动机至发电机的导线。蓄电池断路引爆器的推进剂引爆时,膨胀的气体推动活塞和销子,使得连接元件中接头之间的触点断开。

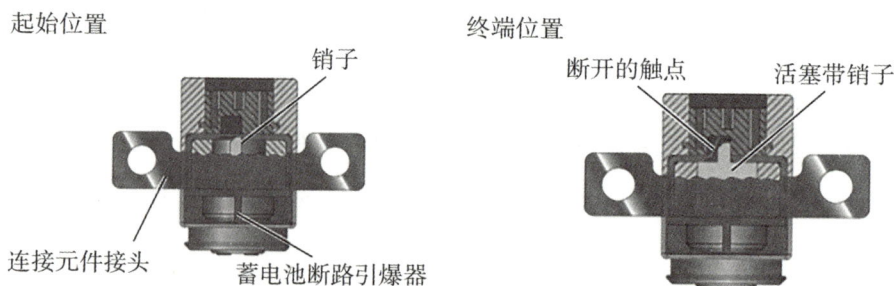

图 3-5-4　膨胀引爆装置位置图

　　蓄电池断开继电器 J655 带蓄电池主开关和断开开关,图 3-5-5 所示为蓄电池断开继电器 J655 安装位置。这个继电器中集成了一个蓄电池主开关和一个断开开关。激活的蓄电池断开继电器 J655 可以从观察窗识别出来。导线断开时观察窗中不是看到铜线圈,而是看到白色盖板。

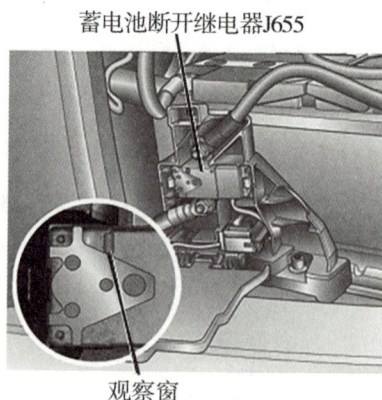

图 3-5-5　蓄电池断开继电器 J655 安装位置

任务六　蓄电池相关元件的更换

一、蓄电池负极电缆的更换

1.注意事项

(1)打开收音机并记录所有的客户预设电台。

(2)确保所有车灯和附件关闭。

(3)将点火开关置于OFF(关闭)位置,拔出点火钥匙。

有关蓄电池断开的警告:①在维修任何电气部件前,点火和起动开关必须置于OFF(关闭)或LOCK(锁止)位置,并且所有电气负载必须关闭(除非操作程序中另有说明)。②断开蓄电池负极电缆,以防止工具或设备接触裸露的电气端子而产生电火花。不遵守这些安全须知可能会导致人身伤害或损坏车辆和车辆部件。

2.蓄电池负极电缆更换后需要进行的初始化设置

(1)将所有车窗移到最高位置并且按住开关维持2 s。

(2)将滑动天窗移到相应一侧的停止点,重新校准传感器。

(3)初始化方向盘转角传感器(没有电子稳定程序,但有电子动力转向系统的车辆)。

警告:对具有电子动力转向和不具有车辆稳定性增强程序的车辆,务必在每次断开蓄电池后初始化方向盘转角传感器。方向盘转角传感器未初始化可能会限制电子动力转向系统的运行甚至造成人身伤害。

二、蓄电池电流传感器的更换

图3-6-1所示为蓄电池电流传感器的拆卸/安装图。

1.拆卸程序

(1)断开蓄电池负极电缆。

(2)拆下负极电缆螺母1。

(3)拆下负极电缆2。

(4)断开线束电流传感器插头4。

(5)将电流传感器5从蓄电池托架上拆下。

(6)将电流传感器5从蓄电池负极电缆2上拆下。

2.安装程序

(1)安装蓄电池负极电缆2处的电流传感器5。

(2)安装蓄电池托架处的电流传感器5。

(3)连接线束电流传感器插头4。

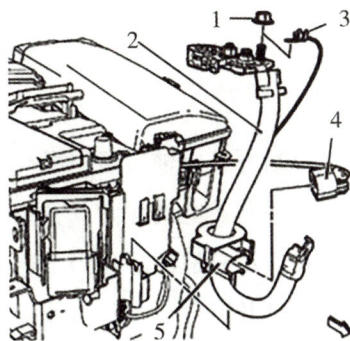

图3-6-1　蓄电池电流传感器的
拆卸/安装图

1—负极电缆螺母;2—负极电缆;
3—导线;4—电流传感器插头;
5—电流传感器

81

(4)安装负极电缆 2。

(5)安装负极电缆螺母 1,并紧固至 9 N·m。

(6)连接蓄电池负极电缆。

三、蓄电池正极和负极电缆的更换

图 3-6-2 所示为蓄电池正、负极电缆的拆卸/安装图。

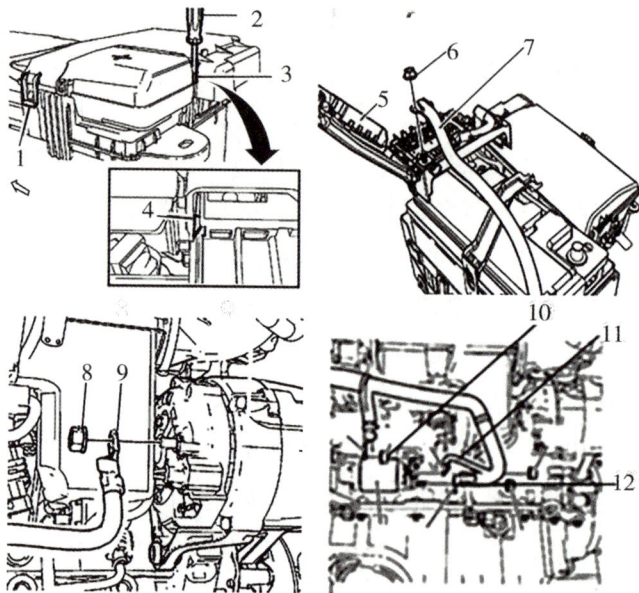

图 3-6-2 蓄电池正、负极电缆的拆卸/安装图

1—固定凸舌;2—螺丝刀;3—窗孔;4—卡夹;5—保险丝盒盖;6—蓄电池正极电缆至起动机螺母;

7—蓄电池正极电缆;8—蓄电池搭铁电缆螺母;9—蓄电池负极电缆;10—起动机搭铁电缆螺母;

11—导线;12—发电机正极电缆螺母

1.拆卸程序

(1)断开蓄电池负极电缆。

(2)解开蓄电池保险丝盒盖上的固定凸舌 1。

(3)使用合适的螺丝刀 2 通过窗孔 3 松开卡夹 4。拉动蓄电池保险丝壳体,切勿拉动下盖。

(4)打开蓄电池保险丝盒盖 5。

(5)拆下蓄电池正极电缆至起动机螺母 6。

(6)从蓄电池上拆下连接到起动机的蓄电池正极电缆 7。

(7)拆下蓄电池搭铁电缆螺母 8。

(8)拆下蓄电池负极电缆 9。

(9)将起动机搭铁电缆螺母 10 从导线 11 上拆下。

(10)拆下蓄电池负极电缆9。

(11)拆下起动机和发电机正极电缆螺母12。

2.安装程序

(1)安装起动机和发电机正极电缆螺母12,并紧固至20 N·m。

(2)安装起动机搭铁电缆螺母10并固定在导线11上,紧固至15 N·m。

(3)安装蓄电池负极电缆9,并紧固至12.5 N·m。

(4)安装蓄电池搭铁电缆螺母8,并紧固至20 N·m。

(5)安装从蓄电池上拆下的连接到起动机的蓄电池正极电缆7,并紧固至12.5 N·m。

(6)安装蓄电池正极电缆至起动机螺母6,并紧固至12 N·m。

(7)按照相反顺序恢复保险丝盒及负极电缆。

四、蓄电池的更换

图3-6-3所示为蓄电池的拆卸/安装图。

1.拆卸程序

(1)断开蓄电池负极电缆。

(2)解开蓄电池保险丝盒盖上的固定凸舌1。

(3)使用合适的螺丝刀2通过窗孔3松开卡夹4。

(4)打开蓄电池保险丝盒盖5。

(5)拆下蓄电池正极电缆至起动机螺母6。

(6)从蓄电池上拆下连接到起动机的蓄电池正极电缆7。

(7)松开蓄电池上的蓄电池正极电缆螺母8。

(8)断开蓄电池周围附属件9和附属件10。

(9)拆下蓄电池压板紧固件螺母11。

2.安装程序

(1)安装蓄电池防护装置托架。

(2)安装蓄电池压板紧固件螺母11。

(3)安装蓄电池上的蓄电池正极电缆螺母8,并紧固至12.5 N·m。

(4)安装蓄电池周围附属件9和附属件10。

(5)安装从蓄电池上拆下的连接到起动机的蓄电池正极电缆7,并紧固至12.5 N·m。

(6)安装蓄电池正极电缆至起动机螺母6,并紧固至12 N·m。

(7)关上蓄电池保险丝盒盖5。

(8)使用合适的螺丝刀2通过窗孔3拧紧卡夹4。

(9)安装蓄电池负极电缆。

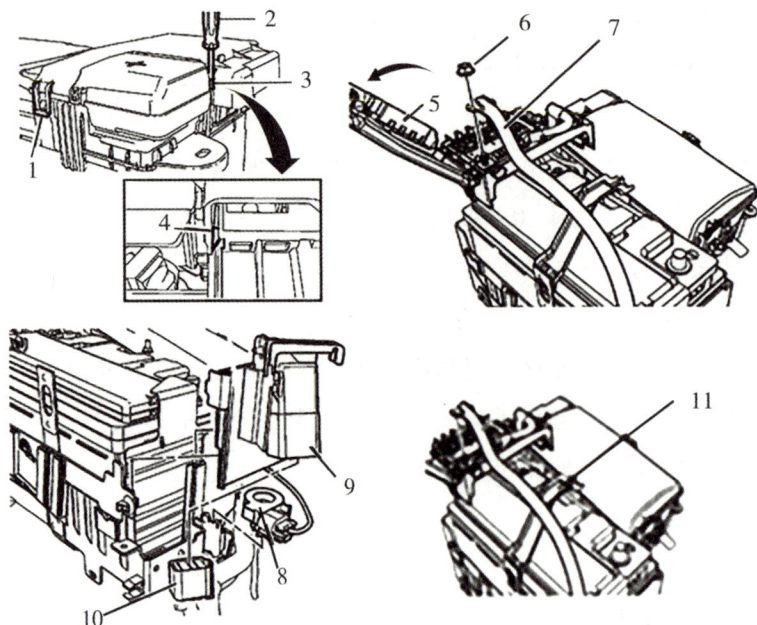

图 3-6-3　蓄电池的拆卸/安装图

1—固定凸舌；2—螺丝刀；3—窗孔；4 卡夹；5—保险丝盒盖；6—蓄电池正极电缆至起动机螺母；

7—蓄电池正极电缆；8—蓄电池正极电缆螺母；9、10—蓄电池周围附属件；

11—蓄电池压板紧固件螺母

任务七　蓄电池-发电机的能量分配与管理

一、能量分配

车辆能量分配主要的影响因素有蓄电池容量、车载电网用电器功率需求、发电机功率和发电机传动比、发动机怠速转速及行驶条件等。

车辆蓄电池承担存储器（蓄能器）的功能，接收、存储能量并在需要时提供给不同的用电器使用。为了使蓄电池随时保持充足的电量，必须由发电机反复充电。如果能量输出大于能量接收，则蓄电池电量会逐渐耗尽。

能量分配的理想条件是通过平衡的能量接收（充电）和能量输出（放电）关系来确保的。图 3-7-1 所示为能量分配图。

附加安装的用电器或极端的行驶条件将破坏能量分配平衡。总耗电功率和独特的行驶条件对能量分配有决定性影响。

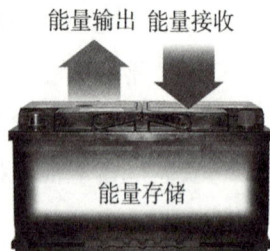

图 3-7-1　能量分配图

二、良好的负荷条件

在晴朗天气下，车辆在城市外的道路上高速行驶，发电机产生的电能一部分用于用电器

（例如日间行车灯、收音机或导航装置），另一部分用于给蓄电池充电。图 3-7-2 所示为电能中等负荷示意图。

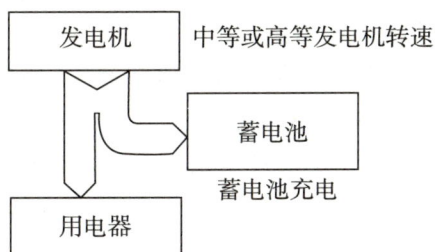

图 3-7-2　电能中等负荷示意图

三、恶劣的负荷条件

车辆在寒冷有雾的城市内夜晚行驶时，发动机以低转速运行。尽管发电机产生电能，但不足以给所有接通的用电器供电，例如行车灯和前雾灯、座椅加热、车外后视镜和后窗玻璃加热供电。为了能给接通的用电器提供足够的电，还需要使用蓄电池中的电能。此时，蓄电池放电。更严重的是，在严寒的天气下，蓄电池会有大量的电流损耗。在严寒天气下，经常性的放电（例如通过回家/离家功能、延时运行）几乎不会得到补偿。图 3-7-3 所示为电能小负荷示意图。

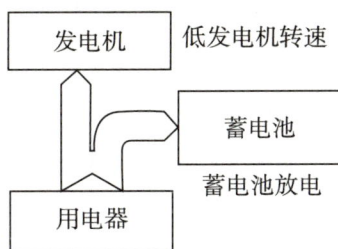

图 3-7-3　电能小负荷示意图

四、车载电网控制单元

图 3-7-4 所示为车载电网控制单元。车载电网控制单元主要处理车辆中安装的控制单元和继电器的信息，负责各种舒适性用电器的负荷管理。与此同时，它还监控蓄电池的充电状态，达到规定的阈值时将提高发动机的怠速转速。车辆起动时或安全相关的用电器供电不足时，车载电网控制单元会在短时间内关闭舒适性功能，例如后窗玻璃加热。

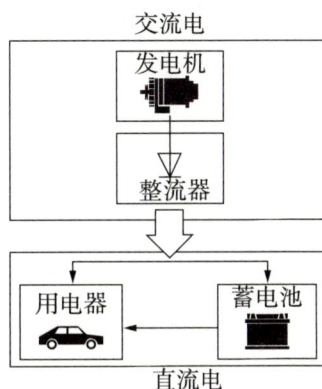

图 3-7-4　车载电网控制单元

五、放电和温度特性

1.自动放电

即使蓄电池上未连接用电器,蓄电池在一定的时间后也会耗尽电量。这一特性被称为自动放电。自动放电的原因是蓄电池中发生的化学过程。自动放电的强度受蓄电池技术和温度影响很大。为了减少自动放电,电极材料不使用铅锑合金,而使用铅钙合金。这种合金的优点是随着蓄电池年限增加,自动放电量不会增加,通过铅钙合金消除了铅锑合金的加速效应。正极板和负极板的低自动放电率在整个使用寿命中几乎保持恒定。温度每上升 10 ℃,自动放电系数加倍。

2.温度对蓄电池的影响

(1)高温。高温会加速蓄电池的化学过程。温度每上升 10 ℃,反应速度加倍。由于酸液的低黏度,蓄电池功率增加,电容略微增加,高温损坏极板,栏板腐蚀加重,蓄电池的自动放电随着温度升高而加重。

(2)低温。低温时,化学过程效率由于硫酸黏度增加而降低,蓄电池内阻增加。因此,随着温度的降低,可使用的蓄电池电容越来越低。所以蓄电池的额定容量不能太小,否则在很冷的情况下,存在发动机不能按要求的转速起动的危险。

六、中央电气控制单元对蓄电池的电能管理及运输模式

1.电能管理

中央电气控制单元对发电机、发动机控制单元、发动机、网关、起动/点火钥匙开关、保险丝、车门、辅助加热元件、空调系统、座椅加热元件、后风窗加热元件等进行电能管理,管理模式如表 3-7-1 所示。

表 3-7-1　电能管理模式

	管理模式 1	管理模式 2	管理模式 3
15 号线和发电机状态	15 号线接通并且发电机处于工作状态	15 号线接通并且发电机处于停机状态	15 号线断开并且发电机处于停机状态
分析	如果蓄电池电压低于 12.7 V,则控制单元要求发动机的怠速提升。如果蓄电池的电压低于 12.2 V,座椅加热、后风窗加热、后视镜加热、方向盘加热、脚窝照明、门内把手照明等用电器将被关闭,全自动空调耗能将降低或空调关闭,信息娱乐系统将被关闭并有关闭警示	如果蓄电池的电压低于 12.2 V,空调耗能将降低或空调关闭,脚窝照明、门内把手照明、上/下车灯、离家功能等用电器将被关闭,信息娱乐系统将被关闭并有关闭警示	如果蓄电池的电压低于 11.8 V,以下用电器将被关闭:车内灯、脚窝照明、门内把手照明、上/下车灯、离家功能、信息娱乐系统

3 种管理模式的不同之处在于:

(1)用电器被关闭的次序不同。

(2)在第 3 种模式中,一些用电器将会被立即关闭。

(3)如果关闭的条件取消,用电器将会被重新激活。

(4)如果用电器因为电能管理的原因被关闭,则 J519 中有故障存储。

2.运输模式

图 3-7-5 所示为运输模式示意图。运输模式是特殊的车辆状态,此时车辆的蓄电池负荷要尽量小。运输模式激活时,要关闭那些不必要的功能,包括车内空间监控、收音机、钟表等。运输模式通过带"关闭/打开运输模式"功能的车辆诊断仪,在"引导型故障查询"和"引导功能"中激活和停用。关闭上述功能降低了耗电量。打开运输模式并接通点火开关后,在组合仪表中不是显示总行驶里程表,而是根据品牌和平台显示以百分比(%)为单位的蓄电池充电状态或以伏(V)为单位的蓄电池静态电压。

图 3-7-5　运输模式示意图

项目四

汽车交流发电机

学思课堂

　　徐立平,中国航天科技集团有限公司第四研究院7416厂高级技师。目前,0.5 mm是固体发动机药面精度允许的最大误差,而经徐立平之手雕刻出的火药误差不超过0.2 mm,堪称完美。28年来,他冒着巨大的危险雕刻火药,被人们誉为"大国工匠"。

思维导图

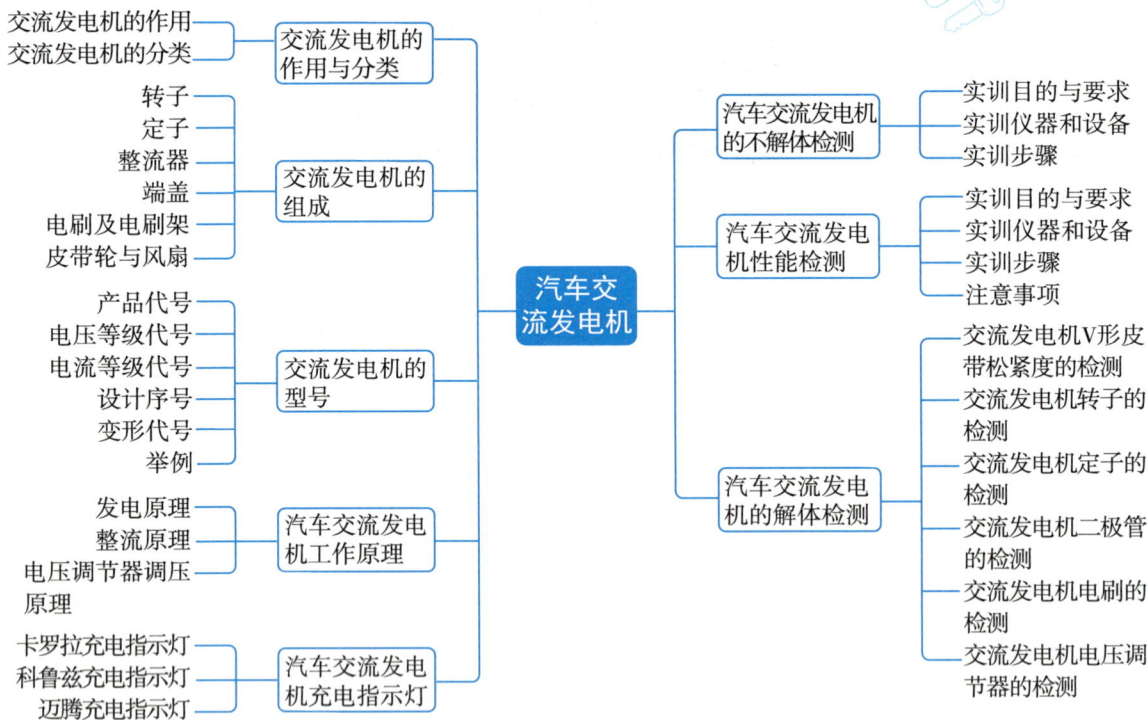

交流发电机的作用
交流发电机的分类
— 交流发电机的作用与分类

转子
定子
整流器
端盖
电刷及电刷架
皮带轮与风扇
— 交流发电机的组成

产品代号
电压等级代号
电流等级代号
设计序号
变形代号
举例
— 交流发电机的型号

发电原理
整流原理
电压调节器调压原理
— 汽车交流发电机工作原理

卡罗拉充电指示灯
科鲁兹充电指示灯
迈腾充电指示灯
— 汽车交流发电机充电指示灯

汽车交流发电机

汽车交流发电机的不解体检测
— 实训目的与要求
实训仪器和设备
实训步骤

汽车交流发电机性能检测
— 实训目的与要求
实训仪器和设备
实训步骤
注意事项

汽车交流发电机的解体检测
— 交流发电机V形皮带松紧度的检测
交流发电机转子的检测
交流发电机定子的检测
交流发电机二极管的检测
交流发电机电刷的检测
交流发电机电压调节器的检测

📖 **知识目标**

(1)掌握交流发电机的组成;

(2)掌握交流发电机的构造及工作原理。

👤 **能力目标**

(1)能够对交流发电机进行拆装及检测;

(2)能够排除电源系统故障。

📢 **项目导言**

充电系统常见故障有不充电、充电指示灯常亮、发光不足等。本项目通过对电源系统故障的诊断,发电机的拆装、检修、安装调整过程的实施与学习,使学生在掌握电源系统结构与工作原理等方面理论知识的同时,具备对上述故障分析与排除的能力。

任务一 交流发电机的作用与分类 ⚙━

一、交流发电机的作用

交流发电机是汽车的主要电源,其作用是在发动机正常运转时(怠速以上)向所有用电设备(起动机除外)供电,同时给蓄电池充电。图4-1-1所示为交流发电机作用示意图。

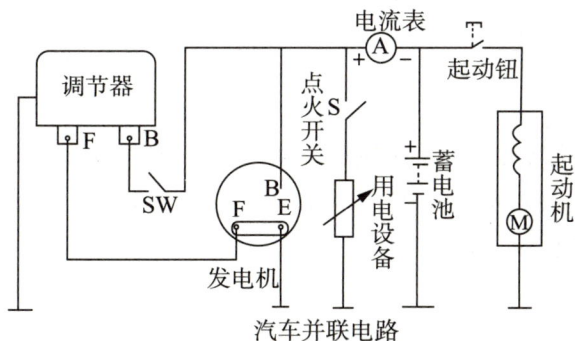

图4-1-1 交流发电机作用示意图

二、交流发电机的分类

1.按整体结构分

交流发电机按整体结构分为五类:整体式交流发电机、带泵式交流发电机、无刷式交流发电机、永磁式交流发电机和普通交流发电机。

89

2.按整流器结构分

交流发电机按整流器结构分为四类:六管交流发电机、八管交流发电机、九管交流发电机和十一管交流发电机。

3.按磁场绕组搭铁形式分

交流发电机按磁场绕组搭铁形式分为以下两类:

(1)内搭铁型交流发电机:磁场绕组的一端(负极)直接搭铁(和壳体相连)。

(2)外搭铁型交流发电机:磁场绕组的一端(负极)接入调节器,通过调节器后再搭铁。

任务二　交流发电机的组成

交流发电机由转子、定子、端盖、电刷组件、整流器、皮带轮和风扇等部分组成。图4-2-1所示为交流发电机元件组成结构图。

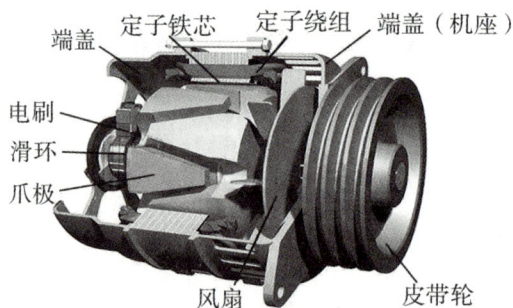

图4-2-1　交流发电机元件组成结构图

一、转子

1.作用

转子的作用是产生旋转磁场。当两集电环通入直流电时,磁场绕组中就有电流通过,并产生轴向磁通,使一块爪极被磁化为 N 极,另一块被磁化为 S 极,从而形成相互交错的磁极。当转子转动时就形成了旋转的磁场。

2.组成

转子由集电环、转子轴、爪极、转子铁芯和磁场绕组等组成,如图4-2-2所示。

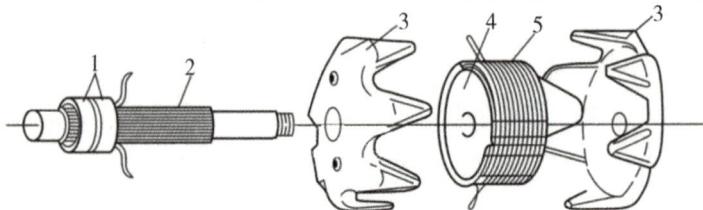

图4-2-2　转子结构图

1—集电环;2—转子轴;3—爪极;4—转子铁芯;5—磁场绕组

（1）爪极。图4-2-3所示为爪极结构图。其作用是把磁场绕组产生的磁场分割成N极和S极。转子轴上压装着两块低碳钢制成的爪极，两块爪极各有4~8个磁极（国产多为6个爪极），腔内装有磁场绕组（转子线圈）和导磁用的铁芯（磁轭）。

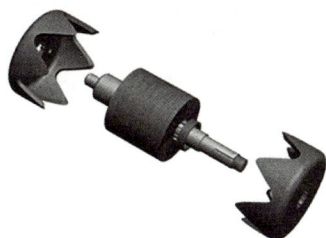

图4-2-3 爪极结构图

（2）集电环。集电环如图4-2-4所示。集电环又称滑环，其作用是向旋转的转子磁场绕组通入电流。由两个彼此绝缘的铜环组成的集电环压装在转子轴上并与轴绝缘，两个集电环分别与磁场绕组的两端相连，并与装在后端盖内的两个电刷相接触。

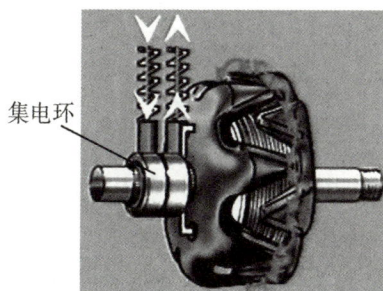

图4-2-4 集电环

二、定子

1.作用

定子是用来产生旋转磁场的。

2.组成

定子主要由定子铁芯、定子绕组等构件组成，如图4-2-5所示。

（1）定子铁芯。定子铁芯由内圈带槽的硅钢片叠成，定子绕组的导线就镶嵌在铁芯的槽中。

（2）定子三相绕组。定子三相绕组的作用是产生和输出交流电。

三相绕组的接法有以下两种：

1）星形联结：发电机低速充电性能好。宝来、奥迪等

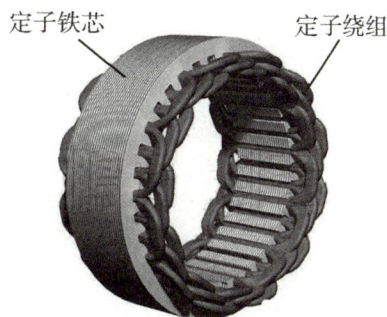

图4-2-5 定子结构图

大多数轿车都采用此方法。图 4-2-6 所示为星形联结结构图。

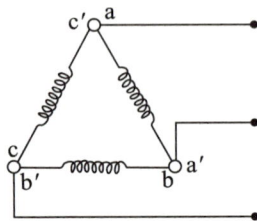

2)三角形联结:适于大功率发电机采用。北京切诺基等车采用此方法。图 4-2-7 所示为三角形联结结构图。

三相绕组必须按一定要求绕制才能使之获得频率相同、幅值相等、相位互差 120° 的三相电动势。

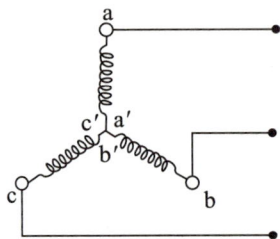

图 4-2-6　星形联结结构图　　图 4-2-7　三角形联结结构图

三、整流器

1.作用
整流器的作用是将定子绕组的交流电变为直流电。

2.组成
整流器由整流二极管及散热板组成。固定正二极管的散热板称为正整流板,固定负二极管的散热板称为负整流板。图 4-2-8 所示为散热板和整流器总成。

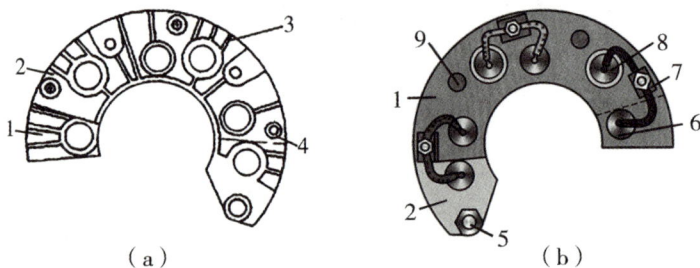

图 4-2-8　散热板和整流器总成图

(a)散热板;(b)整流器总成

1—负整流板;2—正整流板;3—散热片;4—连接螺栓;5—电枢接柱安装孔;

6—负二极管;7—绝缘垫;8—正二极管;9—安装孔

四、端盖

1.作用
端盖的作用是固定转子、定子、整流器和电刷组件。

2.组成
端盖由前端盖和后端盖组成。一般用铝合金铸造,一是可以有效地防止漏磁,二是铝合金散热性能好。图4-2-9所示为发电机端盖。

图4-2-9　发电机端盖

五、电刷及电刷架

1.电刷

（1）作用：电刷与集电环接触，将直流电引入励磁绕组。

（2）材料：铜粉和石墨粉（模压）。

2.电刷架

材料：酚醛玻璃纤维塑料。

3.装配关系

两只电刷装在电刷架方孔内，有弹簧保持其与集电环接触良好。图4-2-10所示为发电机电刷及电刷架。

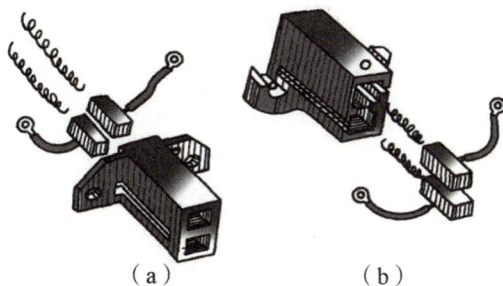

（a）　　　　　　　　（b）

图4-2-10　电刷及电刷架

（a）外装式；（b）内装式

六、皮带轮与风扇

1.皮带轮

皮带轮的作用是通过皮带将发动机的动力传给发电机。

2.风扇

（1）作用：在发电机工作时强制进行抽风冷却。

（2）材料：一般用 1.5 mm 钢板冲制或铝合金压铸。

任务三　交流发电机的型号

根据中华人民共和国汽车行业标准《汽车电气设备产品型号编制方法》（QC/T 73—1993）的规定，汽车交流发电机型号组成如下。

一、产品代号

产品代号用中文字母表示，例：JF 表示交流发电机，JFZ 表示整体式交流发电机（包括无刷整体交流发电机），JFB 表示带泵交流发电机（包括整体带泵交流发电机、无刷带泵交流发电机），JFW 表示无刷交流发电机。

二、电压等级代号

电压等级代号用一位阿拉伯数字表示：1 表示 12 V 系统，2 表示 24 V 系统，6 表示 6 V 系统。

三、电流等级代号

电流等级代号用一位阿拉伯数字表示：1 表示电流≤19 A，2 表示电流≥20~29 A，3 表示电流≥30~39 A，4 表示电流≥40~49 A，5 表示电流≥50~59 A，6 表示电流≥60~69 A，7 表示电流≥70~79 A，8 表示电流≥80~89 A，9 表示电流≥90 A。

四、设计序号

设计序号按产品的先后顺序，用 1~2 位阿拉伯数字表示。

五、变形代号

交流发电机以调整臂的位置作为变形代号。Y 表示调整臂位于右边，Z 表示调整臂位于左边，调整臂在中间时不加标记。现在发电机多采用张紧轮进行皮带张进，没有调整臂。

六、举例

桑塔纳、奥迪 100 型轿车所用的交流发电机代号为 JFZ1913Z，其含义为电压等级为12 V，输出电流大于等于 90 A，第 13 代设计，调整臂位于左边的整体式交流发电机。

任务四 汽车交流发电机工作原理

一、发电原理

交流发电机发电原理是导线在磁场中做切割磁感线运动,产生感应电动势或感应电流,图 4-4-1 所示为发电机电动势示意图。

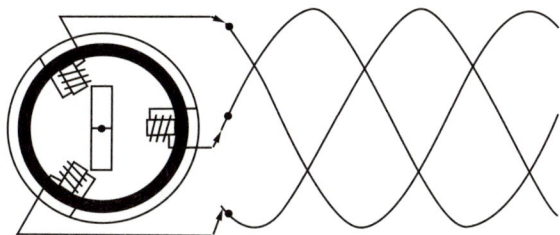

图 4-4-1 发电机电动势示意图

二、整流原理

1.六管整流原理

图 4-4-2 所示为六管整流原理图。二极管的导通原则是:共阴极组的二极管中,阳极电位最高的管子优先导通;共阳极组的二极管中,阴极电位最低的管子优先导通。

图 4-4-3 所示为整流过程分析图。无论绕组电位高低,当经过正/负二极管时,都只会有一个正二极管和一个负二极管导通而构成回路。

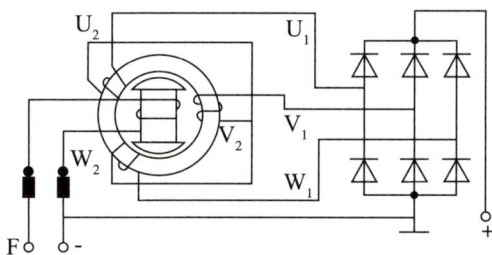

图 4-4-2 六管整流原理图

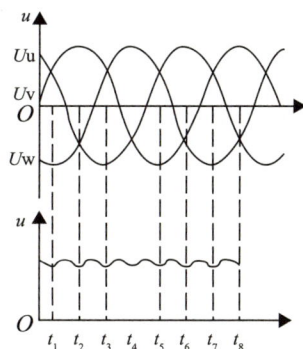

图 4-4-3 整流过程分析图

2.八管整流原理

图 4-4-4 所示为八管整流原理图。八管发电机相较六管发电机多增加两个小功率二极管,用来提取发电机中性点电压。

95

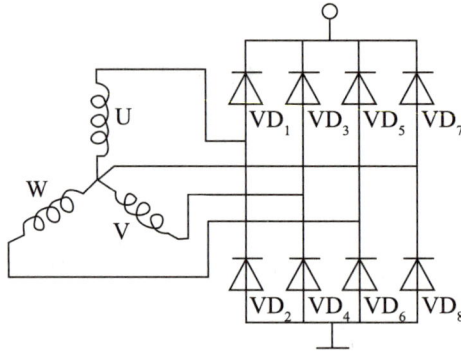

图 4-4-4　八管整流原理图

3.九管整流原理

图 4-4-5 所示为九管整流原理图。九管发电机特性：

（1）在六管基础上多增加 3 个小功率二极管，用来控制发电机的充电指示灯。

（2）当 $U_发 < U_蓄$ 时，励磁为他励；当 $U_发 \geqslant U_蓄$ 时，励磁为自励。

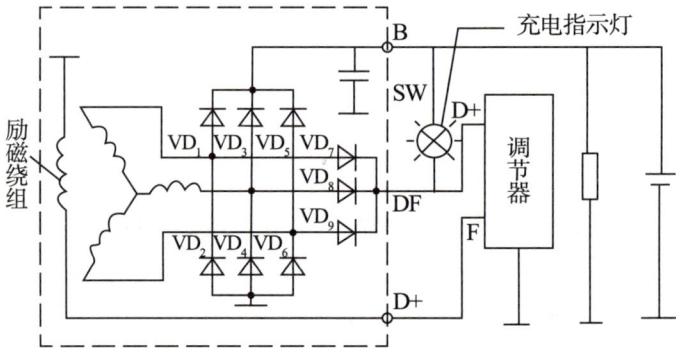

图 4-4-5　九管整流原理图

4.十一管整流原理

图 4-4-6 所示为十一管整流原理图。十一管发电机特性：兼有八管发电机和九管发电机的功能。

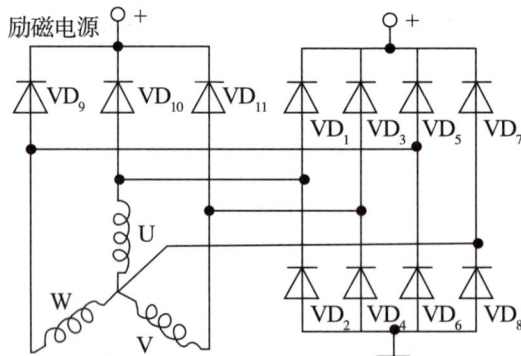

图 4-4-6　十一管整流原理图

三、电压调节器调压原理

1.电压调节器的作用

电压调节器的作用是使其输出电压在发动机所有工况下基本保持在 14 V。

2.电压调节器的调压原理

图 4-4-7 所示为电压调节器调压原理图。当发电机发电量低于 14 V 时，F 点电位不能击穿稳压管 VZ，使 VT$_1$ 截止、VT$_2$ 导通，励磁电路接通，发电机发电量升高；当发电机发电量高于 14 V 时，F 点电位击穿稳压管 VZ，使 VT$_1$ 导通、VT$_2$ 截止，励磁电路断开，发电机发电量降低。如此反复，使发电机发电量稳定在 14 V 左右。

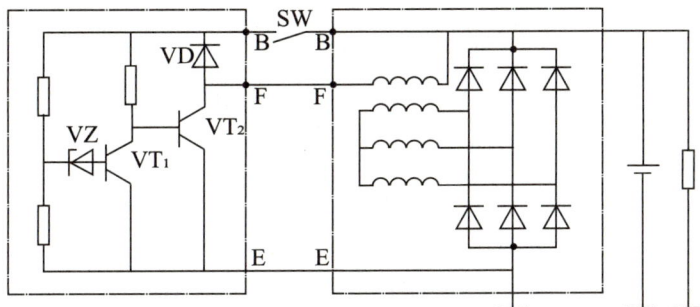

图 4-4-7 电压调节器调压原理图

任务五 汽车交流发电机充电指示灯

一、卡罗拉充电指示灯

图 4-5-1 所示为卡罗拉充电指示灯原理图。

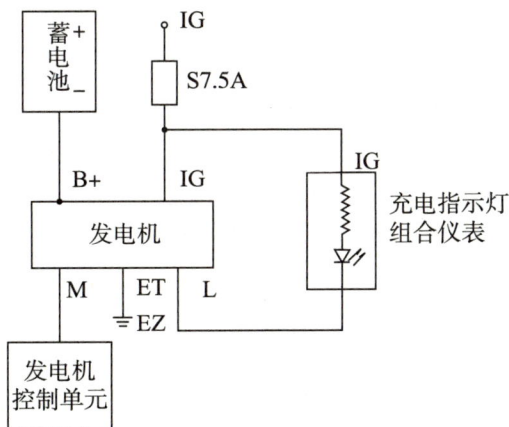

图 4-5-1 卡罗拉充电指示灯原理图

控制原理：

（1）当发电机发电电压低于蓄电池电压时，充电指示灯两端电位不等，指示灯亮。

（2）当发电机发电电压高于蓄电池电压时，充电指示灯两端电位相等，指示灯不亮。

（3）发动机控制单元监测发电机发电电压，当发电电压相对较低时，发动机控制单元会命令发动机提升怠速，提高发电机发电量。

二、科鲁兹充电指示灯

图4-5-2所示为科鲁兹充电指示灯原理图。

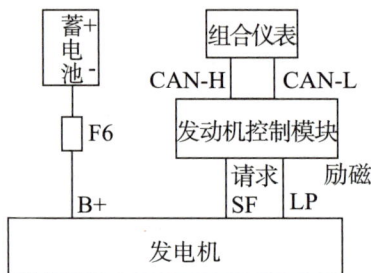

图4-5-2　科鲁兹充电指示灯原理图

控制原理：

（1）当发电机发电电压低于蓄电池电压时，充电指示灯两端电位不等，指示灯亮。

（2）当发电机发电电压高于蓄电池电压时，充电指示灯两端电位相等，指示灯不亮。

（3）组合仪表控制单元与发动机控制单元之间采用 CAN 总线通信，发动机控制单元监测发电机发电电压，当发电电压相对较低时，发动机控制单元会命令发动机提升怠速，提高发电机发电量。

三、迈腾充电指示灯

图4-5-3所示为迈腾充电指示灯原理图。

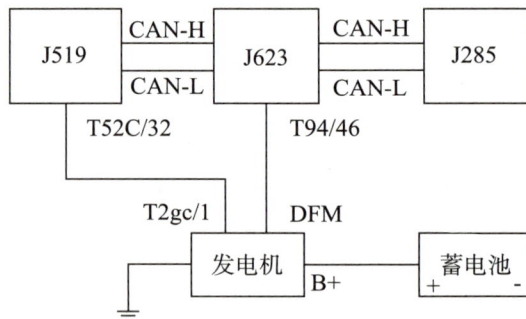

图4-5-3　迈腾充电指示灯原理图

控制原理:

(1)当发电机发电电压低于蓄电池电压时,充电指示灯两端电位不等,指示灯亮。

(2)当发电机发电电压高于蓄电池电压时,充电指示灯两端电位相等,指示灯不亮。

(3)中央电气设备控制单元 J519 向发电机提供励磁电流,发动机控制单元 J623 对发电机发电量进行监测,当发电机发电量低时,发动机控制单元会命令发动机提升怠速。

任务六　汽车交流发电机的不解体检测

一、实训目的与要求

(1)掌握交流发电机拆解前的检测方法和内容。

(2)认识交流发电机的构造特点。

(3)熟悉交流发电机的拆卸及安装。

二、实训仪器和设备

交流发电机 4 台,万用表 4 个,拆装工具 4 套。

三、实训步骤

1.交流发电机不解体检测

图 4-6-1 所示为发电机检测原理图。

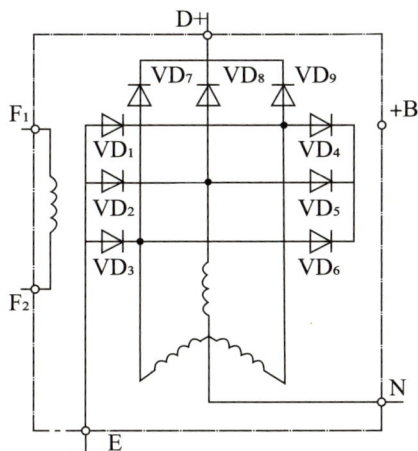

图 4-6-1　发电机检测原理图

(1)用万用表电阻挡检测发电机"+B"(输出接柱)与"E"(搭铁)之间的电阻值,并将实际测量值填入准备的表格。万用表红表笔(万用表内部电池"−"极)接发电机"+B"接柱,黑表笔

(万用表内部电池"+"极)接发电机外壳。若测得阻值在 40~50 Ω 之间,则说明无故障;若测得阻值在 10 Ω 左右,则说明有失效的二极管;若测得阻值为 0 Ω,则说明有不同极性的二极管击穿,调换表笔检测,电阻值应大于 10 kΩ。

(2)用万用表电阻挡检测发电机"F"(磁场,或外搭铁发电机的 F_1)与"E"(搭铁,或外搭铁发电机的 F_2)之间的电阻值。一支表笔接发电机"F"接柱,另一支表笔接发电机"E"接柱,测得电阻值应为 3.5~6 Ω;转动转子再测量,电阻值基本不变。

(3)用万用表电阻挡检测发电机"N"(中性点)与"E"之间的电阻值,实际测量值填入准备的表格。测得的正向电阻值应为 10 Ω 左右,反向电阻值应大于 10 kΩ。

(4)用万用表电阻挡分别检测发电机"D+"(中性点)、"+B"与"E"之间的正反向电阻值,测量结果应与(3)的检测结果一致。若 3 个检测结果相差较大,则说明某一组二极管或电枢绕组有断路或短路的故障。

2.交流发电机的拆装(以丰田交流发电机为例)

(1)拆下传动带轮。

(2)拧下"+B"端子上的固定螺母并取下绝缘套管。

(3)拆下后端盖罩。

(4)拧下电刷架和 IC 调节器的固定螺钉,取出电刷架和 IC 调节器(注意:电刷要轻取)。

(5)将与整流器相连接的三相绕组引线及中性点引线的连接螺钉使用"旋具"旋下,取下整流器。

(6)拆卸整流器端座。

(7)从驱动端盖里取出转子,用棉纱蘸适量清洗剂擦洗转子绕组、定子绕组、电刷及其他机件。

(8)按拆解的相反顺序装复。安装后转动发电机传动带轮,保证转子转动平顺,无摩擦及碰击声。

任务七　汽车交流发电机性能检测

一、实训目的与要求

(1)掌握交流发电机的就车检测方法。

(2)掌握交流发电机的台架检测方法。

(3)掌握汽车电器万能试验台的使用方法。

二、实训仪器和设备

汽车 2 台,100 A 电流表 2 个,50 V 电压表 2 个,交流发电机 1 台,万能试验台 1 台,蓄电池

1 个,常用工具 3 套,导线若干。

三、实训步骤

1. 交流发电机的就车检测

(1)检查蓄电池和电源系统线路连接状况。蓄电池应处于充满状态,若不符合要求,应对蓄电池进行充电,使其达到技术要求。电源系统电路应连接紧固,无锈蚀、松动情况。

(2)连接电压表和电流表。

1)在发动机熄火状态下,按检测示意图连接电压表和电流表,如图 4-7-1 所示。

2)电流表"+"接发电机"+B"端子。

3)电流表"−"接导线"+B"端子。

4)电压表"+"接发电机"+B"端子。

5)电压表"−"搭铁。

注意:为避免引起短路,在连接电流表和电压表时,应拆除蓄电池负极柱。

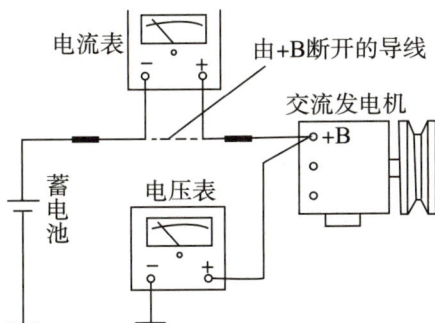

图 4-7-1　交流发电机检测示意图

(3)无负载性能试验。

1)将所有用电设备开关拧至"OFF"。

2)起动发动机,并使其达到 2 000 r/min。

3)电流表读数:10 A 以下。

4)电压表读数:13.8~14.8 V。

(4)有负载性能试验。

1)将发动机转速升高至 2 000 r/min。

2)将前照灯及其他用电设备开关拧到"ON"。

3)电流表读数:30 A 以上。

4)电压表读数:13.8~14.8 V。

2. 交流发电机的台架检测

(1)交流发电机空载试验。

1)安装发电机。将交流发电机紧固在汽车电器万能试验台的龙门夹具上,调整升降夹具,使交流发电机与调速电动机主轴同心,选用合适的六角套筒、橡皮接头将交流发电机与调速电动机连接。用手转动电动机主轴,观察电动机主轴与发电机是否同心。

2)连接电路。图4-7-2所示为交流发电机空载试验电路连接示意图,按图连接试验电路。

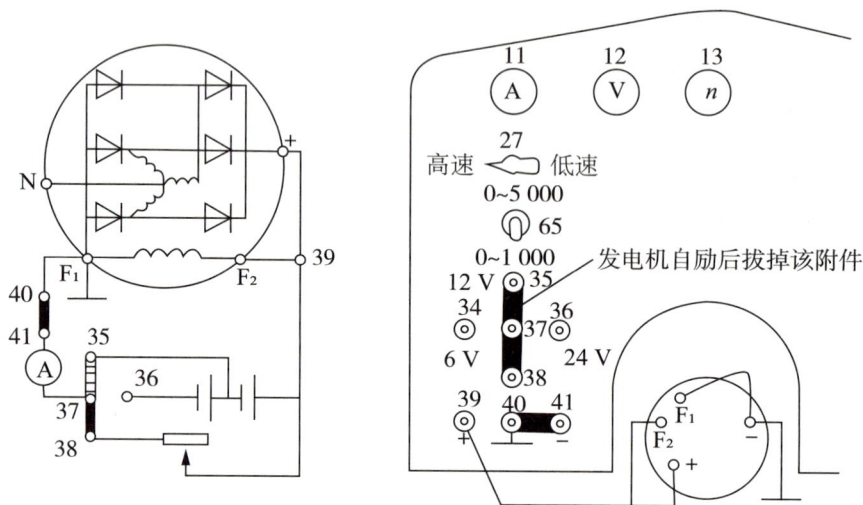

图4-7-2　交流发电机空载试验电路连接示意图

A.用附件连接试验台上的插座40和41(此时试验台的蓄电池为负极搭铁)。

B.将附件(电枢、磁场连接线)一头插入插座39中,另外两头分别接交流发电机的"+"(输出、"+B")与"F_2"接柱。

C.用附件连接35和37插座,由试验台的蓄电池对发电机进行他励。

3)检测。

A.旋转调速电动机转换开关至低速位置,此时调速电动机指示灯亮。将转速表量程控制开关相应拨至低速(0~1 000 r/min)位置。

B.顺时针摇转电动机调速手轮,使电动机检视孔内的指示箭头向右偏移,观察转速表所指示的电动机转速,当转速升至700~800 r/min时,将连接35和37的附件从插座中拔下,此时发电机转为自励空载状态,电动机转速将略有下降。

C.顺时针摇转调速手轮,使转速缓慢上升,同时观察电压表,当电压达到额定值14 V时,停止升高转速,记录转速表所指示的转速,检测结束。

D.逆时针摇转调速手轮,使电动机检视孔内的指示箭头对正壳体上的"0"位。旋转调速电动机转换开关至中间位置。

(2)交流发电机负载试验。

1)安装发电机。安装步骤与上述空载试验相同。

2)连接电路。图4-7-3所示为交流发电机负载试验电路连接示意图,按图连接试验电路。

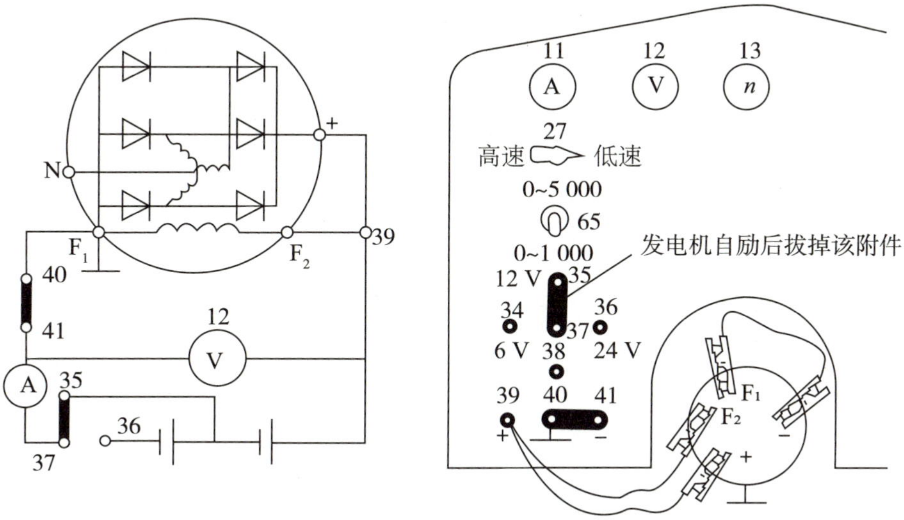

图 4-7-3　交流发电机负载试验电路连接示意图

3）检测。

A.将置于试验台面下方的可变电阻手轮逆时针摇转到底,将负载电阻调整为最大值。

B.旋转调速电动机转换开关至高速挡位置,此时调速电动机指示灯亮,然后将转速表量程开关相应拨至高速挡(0~5 000 r/min)位置。

C.顺时针摇转电动机调速手轮,使电动机检视孔内的箭头向右偏移,电动机转速逐渐上升。

D.当转速升至 700~800 r/min 时,用附件暂时短接 35 和 37 插座进行他励,同时观察电流表,当转速上升,电流表指针由 0 转至 2 A 充电电流时,先将 37 和 38 两插座用附件连接起来,再将连接 35 和 37 插座的附件拔下,此时交流发电机转入自励发电状态,并向负载(可变电阻)供电。

E.缓慢顺时针转动调速电动机手轮,使电动机转速逐渐升高,同时注意观察电压表,当电压表读数达到额定值 14 V 时,停止升速。

F.顺时针摇转可变电阻手轮,使负载电阻减小,负载电流增大,此时发电机电压将自动随之下降。当电压下降至 13 V 时,停止摇转可变电阻手轮。

G.重复 E 和 F 两个步骤,直至发电电压达到额定值 14 V,输出电流达到额定值 25 A(JF11型)时,记下转速表的转速读数,检测结束。

H.逆时针摇转电动机调速手轮,使调速电动机检视孔内的箭头归"0",旋转调速电动机转换开关至中间位置,逆时针摇转可变电阻手轮将负载电阻调整为最大值。

四、注意事项

（1）低压电路未连接好时,不得接通交流电源。

（2）发电机未装夹牢固、发电机中心轴线与电动机中心轴线不一致时,不得进行检测。

（3）发电机进行高转速检测时,不得靠近。

（4）检测完成后，一定要将电动机调速指针回零，将可变电阻调至最大。

任务八　汽车交流发电机的解体检测

一、交流发电机 V 形皮带松紧度的检测

图 4-8-1 所示为交流发电机 V 形皮带松紧度检测示意图。

（1）新带：100 N，5~7 mm。

（2）旧带：100 N，10~15 mm。

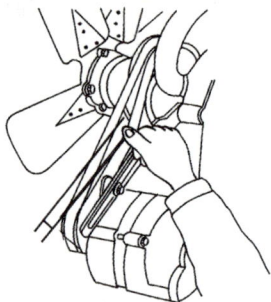

图 4-8-1　交流发电机 V 形皮带松紧度检测示意图

二、交流发电机转子的检测

励磁绕组为交流发电机转子的重要组成部分，交流发电机转子的检测，可以用万用表检测励磁绕组的状况来判断。

（1）用万用表检测励磁绕组是否短路、断路。如果阻值低于标准值，则说明励磁绕组短路；如果阻值为无穷大，则说明励磁绕组断路。励磁绕组短路即为转子短路。图 4-8-2 所示为检测转子短路示意图。

（2）用万用表检测励磁绕组是否搭铁。每个集电环与转子轴之间，其阻值都是无穷大的。如果阻值很低，说明励磁绕组搭铁。励磁绕组搭铁即为转子搭铁。图 4-8-3 所示为检测转子搭铁示意图。

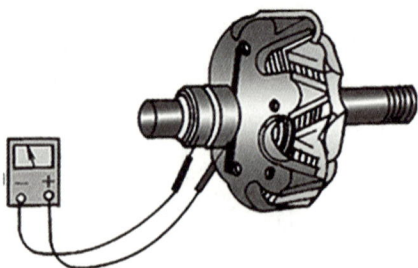

图 4-8-2　检测转子短路示意图

图 4-8-3　检测转子搭铁示意图

三、交流发电机定子的检测

用万用表检测定子绕组是否断路和搭铁,如图 4-8-4 所示。每次任取两个首端,测量 3 次,每次阻值都应小于 0.5 Ω。若阻值无穷大,则为励磁绕组断路,需更换定子总成。用万用表可检测定子绕组是否搭铁。测量 3 次,阻值均应为无穷大,否则说明定子绕组搭铁,需更换定子总成。

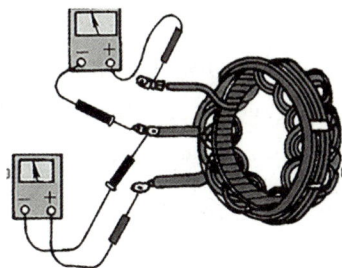

图 4-8-4　检测定子断路和搭铁示意图

四、交流发电机二极管的检测

测量二极管正向与反向电阻,正向电阻应在 8~10 Ω,反向电阻应在 1 000 Ω 以上。若正、反向电阻均为 0,则说明二极管短路;若正、反向电阻均为无穷大,则说明二极管断路。图 4-8-5 所示为检测二极管短路或断路示意图。

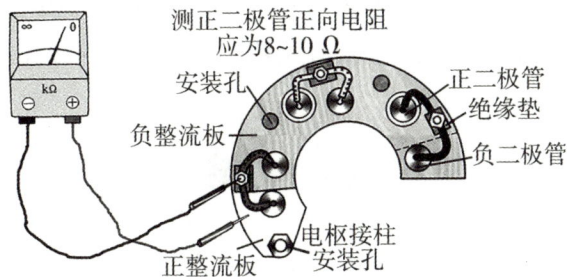

图 4-8-5　检测二极管短路或断路示意图

五、交流发电机电刷的检测

电刷的标准高度应是 14 mm,磨损至 7 mm 时应进行更换。图 4-8-6 所示为电刷检测示意图。

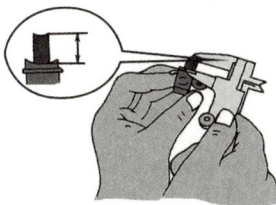

图 4-8-6　电刷检测示意图

六、交流发电机电压调节器的检测

晶体管调节器与集成电路调节器在使用中一般不需要调整,可以就车测试,也可以在车下用实验的方法测试。用实验的方法测试时,应先分清楚晶体管电压调节器是内搭铁式还是外搭铁式。

1.内搭铁式晶体管电压调节器的测试

图4-8-7所示为内搭铁式晶体管电压调节器检测示意图。测试时,先将可调直流电源与调节器用导线连接好,然后逐渐提高电源电压,当电压大于6 V时,灯泡开始发亮,接着继续提高电压,当电压达到13.5～16.5 V时,灯泡应熄灭,这种情况说明调节器完好。如果灯泡从开始一直不亮或亮了以后一直不熄灭,说明调节器有故障。

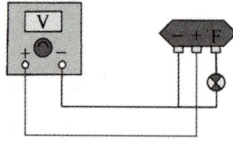

图4-8-7　内搭铁式晶体管电压调节器检测示意图

2.外搭铁式晶体管电压调节器的测试

图4-8-8所示为外搭铁式晶体管电压调节器检测示意图。按图接线,可对外搭铁式晶体管电压调节器进行测试,测试时先将可调直流电源与调节器用导线连接好,测试方法与内搭铁式晶体管电压调节器完全相同。

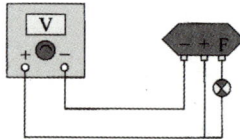

图4-8-8　外搭铁式晶体管电压调节器检测示意图

项目五

汽车起动系统

学思课堂

胡双钱是上海飞机制造有限公司的高级技师，也是一位坚守航空事业35年、加工数十万飞机零件无一差错的普通钳工。对质量的坚守，已是他融入血液的习惯。他心里清楚，一次差错就可能意味着无可估量的损失甚至以生命为代价的后果。他用自己总结归纳的"对比复查法"和"反向验证法"，在飞机零件制造岗位上创造了35年零差错的纪录，连续12年被公司评为"质量信得过岗位"，并授予产品免检荣誉证书。

"我每天睡前都喜欢'放电影'，想想今天做了什么，有没有做好。"一次，胡双钱按流程给一架在修理的大型飞机拧螺栓、上保险、安装外部零部件，那天回想工作，胡双钱对"上保险"这一环节感到怎么也不踏实。保险对螺栓起固定作用，能确保飞机在空中飞行时，不会因震动过大导致螺栓松动。思前想后，胡双钱仍然很不踏实，凌晨3点，他又骑着自行车赶到单位，拆去层层外部零部件，保险醒目出现，一颗悬着的心才落了下来。

自此，每做完一步，他都会定睛看几秒再进入下道工序，他坚信"再忙也不缺这几秒，质量最重要！"

思维导图

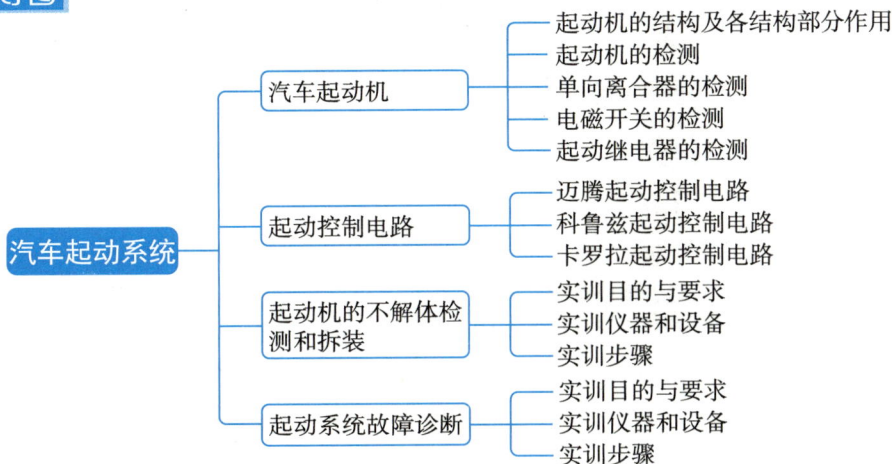

知识目标

（1）掌握起动机的型号、工作特性；

（2）掌握起动机的构造、工作原理。

能力目标

（1）能够对起动机的性能进行检测；

（2）能够对起动机进行拆装；

（3）能够排除起动机系统故障。

项目导言

　　起动系统常见故障有起动机不工作或起动机运转无力。本项目通过对起动机及起动机系统故障的诊断，起动机拆卸、检修、安装调整过程的实施与学习，使学生在掌握起动机的结构与工作原理等方面理论知识的同时，具备上述故障分析与排除能力。

任务一　汽车起动机

　　汽车起动系统由蓄电池、起动机、起动继电器、点火开关、搭铁等部件组成。起动系统的作用是完成发动机的起动。图 5-1-1 所示为起动机作用示意图。

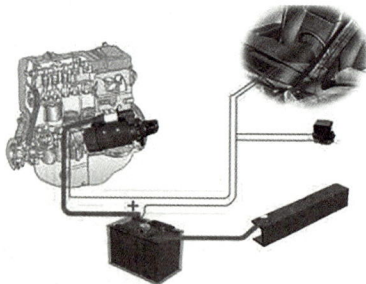

图 5-1-1　起动机作用示意图

一、起动机的结构及各结构部分作用

起动机由直流电动机、控制装置、传动机构等部件构成。

1.直流电动机

直流电动机的作用：将蓄电池提供的电能转变为机械能并产生转矩驱动发动机。

直流电动机的结构：包括转子、定子（铁芯和励磁线圈）、定子外壳、电刷及电刷架等。

（1）定子。定子的作用是建立磁场，一般采用 4 个（2 对）磁极，大功率起动机采用 6 个磁极。定子由固定在机壳上的磁极铁芯、励磁线圈和外壳等组成。图 5-1-2 所示为起动机定子

108

结构图。

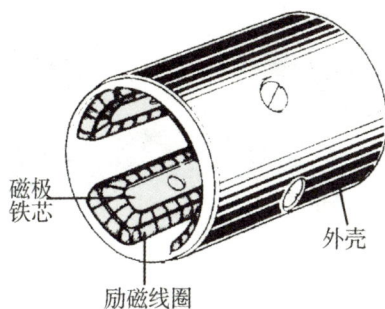

图 5-1-2　起动机定子结构图

（2）转子。转子由电枢轴、铁芯、电枢绕组及换向器组成,如图 5-1-3 所示。转子铁芯由硅钢片叠成后固定在电枢轴上,铁芯外围均匀地开有线槽,用以放置电枢绕组。电枢绕组由较大矩形截面的铜带或粗铜线绕制而成,作用是保证电枢绕组所产生的转矩方向不变。换向器由铜片和云母叠压而成,压装于电枢轴前端,铜片间绝缘,铜片与电枢轴之间也绝缘,换向片与线头采用锡焊连接。图 5-1-4 所示为起动机换向器结构图。

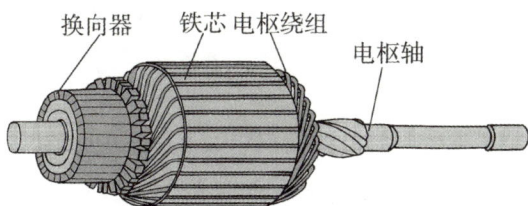

图 5-1-3　起动机转子结构图

图 5-1-4　起动机换向器结构图

（3）电刷。电刷和换向器配合使用,用来连接磁场绕组和电枢绕组,并使电枢轴上的电磁力矩保持固定方向。电刷装在端盖上的电刷架中,电刷弹簧使电刷与换向片之间具有适当的压力,以保持配合,如图 5-1-5 所示。

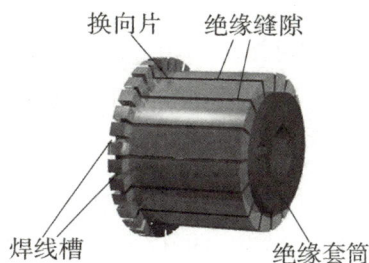

图 5-1-5　起动机电刷结构图

直流电动机的工作原理是将直流电源通过电刷接通电枢绕组,使电枢导体有电流流过。电动机内部有磁场存在,载流的转子（即电枢）导体将受到电磁力 F 的作用,$F=BIL$（左手定则）。所有导体产生的电磁力作用于转子,使转子以转速 n（r/min）旋转,以使电动机工作。图

5-1-6 所示为直流电动机工作原理示意图。

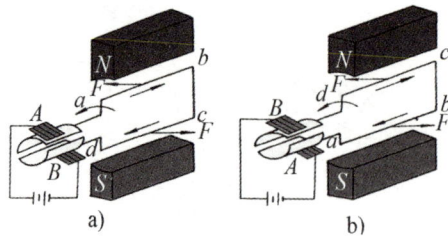

图 5-1-6　直流电动机工作原理示意图

2.控制装置

起动机控制装置的作用是控制驱动齿轮与飞轮齿圈的啮合与分离,并控制电动机电路的接通与切断。

起动机控制装置主要由电磁开关、起动机继电器和点火开关部件构成。电磁开关主要由吸引线圈、保持线圈、复位弹簧、活动铁芯、接触片等组成,如图 5-1-7 所示。其中,端子 C 接点火开关,通过点火开关再接电源;端子 30 直接连接电源。

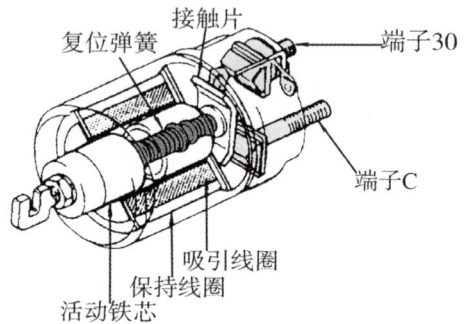

图 5-1-7　起动机电磁开关结构图

起动的工作过程如下。

起动:齿轮啮合后,接触盘将端子 30 和端子 C 接通,蓄电池便向电动机的励磁绕组和电枢绕组供电,产生正常的转矩,带动起动机转动。与此同时,吸引线圈被短路,齿轮的啮合位置由保持线圈的吸力来保持。

停止起动:停止起动时,断开点火开关,这时,吸引线圈与保持线圈产生的电流方向相反、磁场方向相反,使磁场迅速减小,使铁芯、接触盘、拨叉、小齿轮等迅速回位。切断端子 30 与端子 C,起动机停止起动。

3.传动机构

传动机构的作用是将直流电动机产生的动能传递给发动机。传动机构由拨叉、驱动齿轮、单向离合器、啮合弹簧等组成,如图 5-1-8 所示。其中,单向离合器的作用是防止电枢绕组超速飞散,可分为滚柱式单向离合器和摩擦片式单向离合器。

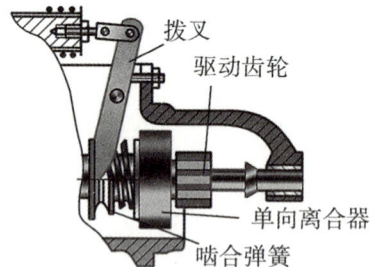

图 5-1-8　起动机传动机构结构图

二、起动机的检测

1.磁场绕组的检测

图 5-1-9 所示为磁场绕组检测示意图。其中,磁场绕组阻值约为 1 Ω,磁场绕组与壳体应为断路。

图 5-1-9　磁场绕组检测示意图

2.转子的检测(电枢部分)

转子的检测包括对电枢绕组断路和短路的检测,对电枢轴跳动的检测,对电刷和电刷弹簧的检测等。图 5-1-10 所示为转子检测示意图。

(1)对电枢绕组断路的检测。使用万用表对电枢绕组进行检测,各换向片与电枢轴间应为断路,各换向片与电枢铁芯间应为断路,各换向片间阻值应为无穷大。图 5-1-11 所示为电枢绕组断路测试示意图。

(2)对电枢绕组短路的检测。图 5-1-12 所示为电枢绕组短路测试示意图,短路测试仪接通电源后慢慢转动电枢一周,铁片应不跳动,否则说明电枢绕组有短路。短路有换向片短路、电枢绕组短路。

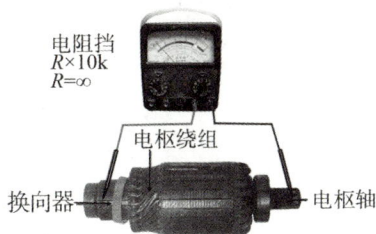

图 5-1-10　转子检测示意图

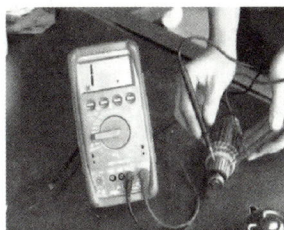

图 5-1-11　电枢绕组断路测试示意图

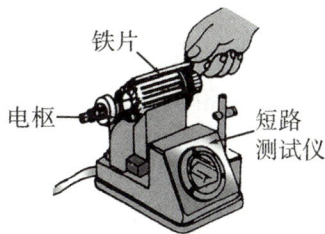

图 5-1-12　电枢绕组短路测试示意图

(3)对电枢轴跳动的检测。图 5-1-13 为电枢轴跳动的检测示意图。百分表的偏摆差应不大于 0.15 mm,否则应更换电枢总成。

(4)对电刷、电刷弹簧的检测。

1)电刷的检测。图 5-1-14 所示为电刷的检测,测量电刷长度,检测电刷是否磨损。电刷长度的标准值为 14 mm,极限值为 7 mm。如果低于极限值,则应更换电刷。正电刷及对应弹簧应与电刷架绝缘,负电刷及对应弹簧应与电刷架导通。

2)电刷弹簧的检测。如图 5-1-15 所示,将电刷 A 插入电刷架内,并使电刷与换向器接触,然后将弹簧秤 C 放在弹簧 B 上。当弹簧提起电刷时,测量弹簧拉力如果不在标准范围内,则应更换电刷架总成弹簧,拉力标准(新)为 22.3~27.3 N。

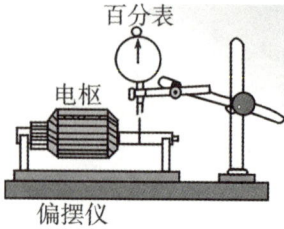

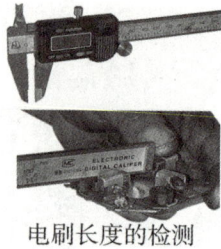

图 5-1-13　电枢轴跳动的检测　　图 5-1-14　电刷的检测　　图 5-1-15　电刷弹簧的检测
　　　　　　示意图

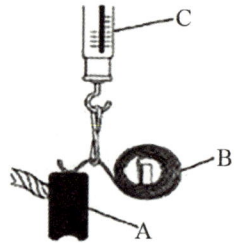

三、单向离合器的检测

（1）单向离合器自由度检测。握住外座圈，转动驱动齿轮，应能自由转动，反转时不应转动，否则说明有故障，应更换单向离合器，如图 5-1-16 所示。

图 5-1-16　单向离合器自由度检测

（2）单向离合器扭力检测。将其夹在台钳上，插入花键轴，扭力扳手用套管与花键轴相连，向锁止方向扳动扭力扳手，检测扭力大小，如图 5-1-17 所示。

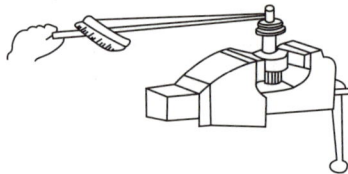

图 5-1-17　单向离合器扭力检测

四、电磁开关的检测

图 5-1-18 所示为电磁开关检测。

（1）接触盘表面和触点表面的检测。轻微烧蚀可用砂布打光，严重烧蚀应予更换。

（2）吸引线圈和保持线圈的检测。

1）吸引线圈检测：从励磁线圈接线柱上拆下励磁线圈正极端后，用万用表电阻挡检测电磁开关接线柱（"50"端子）与励磁线圈接线柱间的电阻，吸引线圈的阻值一般约为 0.60 Ω。

图 5-1-18　电磁开关检测

2)保持线圈检测:从励磁线圈接线柱上拆下励磁线圈正极端后,用万用表电阻挡检测电磁开关接线柱("50"端子)与电磁开关壳体之间的电阻,保持线圈的阻值一般约为 0.50 Ω。

五、起动继电器的检测

图 5-1-19 所示为起动继电器检测示意图。

(1)检测起动继电器的线圈电阻,正常阻值应为 10~15 Ω。

(2)检测起动继电器触点是否烧蚀。

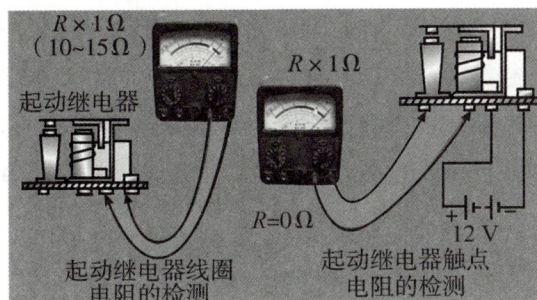

图 5-1-19　起动继电器检测示意图

任务二　起动控制电路

一、迈腾起动控制电路

1.起动控制电路

图 5-2-1 所示为迈腾起动控制电路。

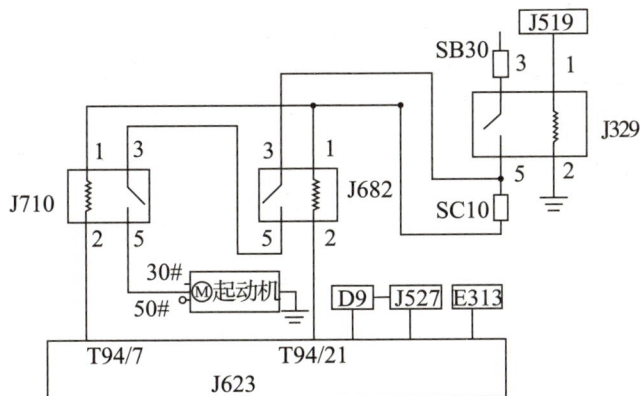

图 5-2-1　迈腾起动控制电路

E313 选挡开关处于 P/N 挡位置,经过 CAN 总线将挡位信号提供给 J623 发动机电脑。同时,需要驾驶员踩下制动踏板向 J623 发动机电脑提供制动信号。

D9 点火开关向 J527 输送点火开关位置信号,确认为起动挡。同时,J527 通过 CAN 总线向

J519 提供起动信号,J519 命令卸荷继电器工作,暂停由卸荷继电器供电的元件。

D9 点火开关向 J623 发动机电脑报告起动信号,J623 发动机电脑控制起动继电器 J682 和 J710 工作。

2.电流走向

(1)J519→J329 继电器 1#→J329 继电器线圈→J329 继电器 2#→接地。

(2)SB30→J329 继电器 3#→J329 继电器开关→J329 继电器 5#→SC10→J682 继电器 1#→J682 继电器线圈→J682 继电器 2#→J623 T94/21→J623 发动机电脑控制接地。

(3)SB30→J329 继电器 3#→J329 继电器开关→J329 继电器 5#→SC10→J710 继电器 1#→J710 继电器线圈→J710 继电器 2#→J623 T94/7→J623 发动机电脑控制接地。

(4)SB30→J329 继电器 3#→J329 继电器开关→J329 继电器 5#→J682 继电器 3#→J682 继电器开关→J682 继电器 5#→J710 继电器 3#→J710 继电器开关→J710 继电器 5#→起动机 50#控制起动机工作。

二、科鲁兹起动控制电路

1.起动控制电路

图 5-2-2 所示为科鲁兹起动控制电路。手动挡挡位传感器或自动挡 P/N 挡传感器向发动机控制模块提供挡位信息,确认手动挡空挡或自动挡处于 P/N 位置。

点火开关处于起动挡位置,点火继电器向发动机控制模块提供起动信号。

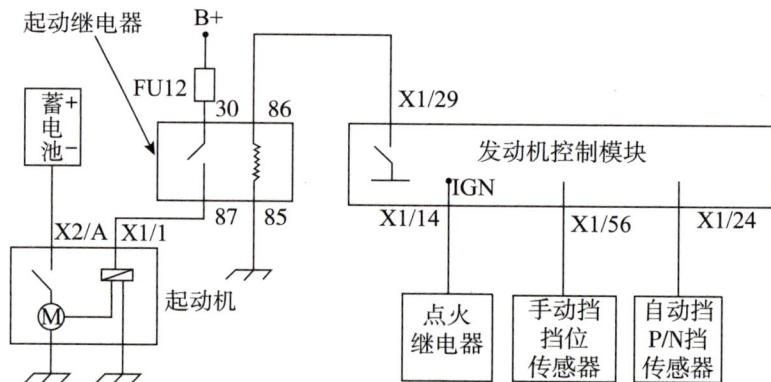

图 5-2-2　科鲁兹起动控制电路

2.电流走向

(1)发动机控制模块 X1/29 开关闭合→起动继电器 86#→起动继电器线圈→起动继电器85#→接地。

(2)B+→FU12→起动继电器 30#→起动继电器开关→起动继电器 87#→X1/1 磁力开关控制起动机工作。

三、卡罗拉起动控制电路

1.起动控制电路

图 5-2-3 所示为卡罗拉起动控制电路。对于手动挡车型,起动时将变速器挂入空挡,踩下离合器踏板使离合器踏板开关总成处于闭合状态,同时,发动机电脑 A50 端子收到起动信号。对于自动挡车型,起动时将变速器挂入 P 挡或 N 挡,同时,发动机电脑 A50 端子收到起动信号。

2.手动挡车型电流走向

蓄电池正极→AM1 保险丝→点火开关 AM1→点火开关 ST1→离合器踏板开关总成→ST1# →ST 线圈→ST2# →接地。

3.自动挡车型电流走向

蓄电池正极→AM2 保险丝→点火开关 AM2→点火开关 ST2 →ST5# →ST 开关 →ST3# →起动机 B8 控制起动机工作。

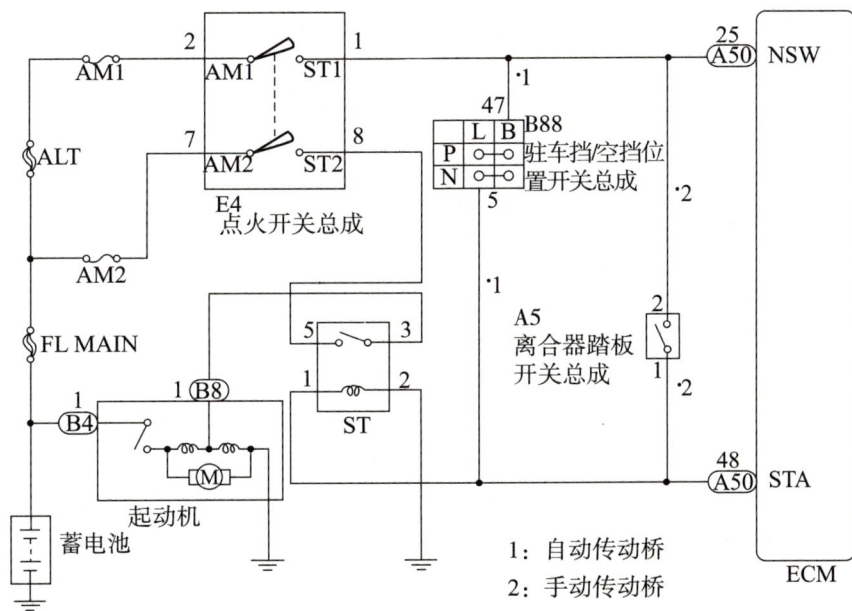

图 5-2-3　卡罗拉起动控制电路

任务三　起动机的不解体检测和拆装

一、实训目的与要求

(1)掌握起动机拆解前的检测方法和内容。

(2)认识起动机的构造特点。

(3)熟悉起动机的拆卸及安装。

二、实训仪器和设备

起动机4台,万用表4个,拆装工具4套。

三、实训步骤

1.起动机不解体检测

起动系统故障诊断后,若发现起动机有故障,在对起动机进行解体之前,应进行不解体检测,通过不解体检测的性能检测可以大致找出故障部位。起动机检修完毕之后也应进行检测,以保证起动机正常运行。

(1)吸引线圈的检测。

1)吸引线圈电阻值的检测。先把励磁线圈的引线断开,然后用万用表电阻挡检测端子50与端子C之间(吸引线圈两端)的电阻值是否符合要求(不同型号的起动机,电阻值在0.14~0.9 Ω之间)。图5-3-1所示为吸引线圈端子接线图。

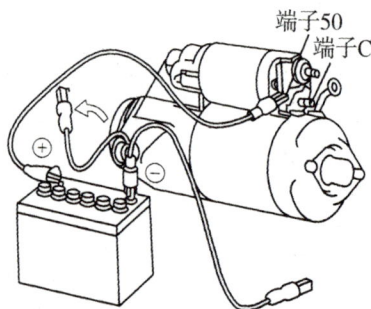

图5-3-1　吸引线圈端子接线图

2)吸引线圈吸合性能检测。图5-3-2所示为吸引线圈吸合性能检测示意图。按照图示方法连接蓄电池与起动机电磁开关,驱动齿轮应能强有力地吸引出来,若不能,表明吸引线圈有故障。

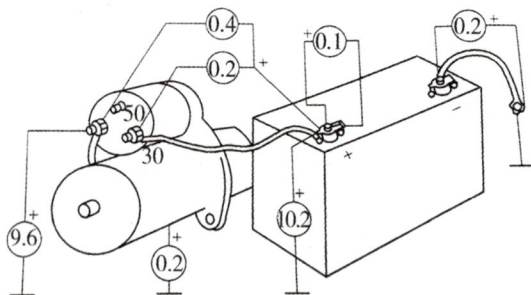

图5-3-2　吸引线圈吸合性能检测示意图

(2)保持线圈的检测。

1)保持线圈电阻值的检测。图5-3-3所示为保持线圈检测示意图。用万用表电阻挡检测端子50与起动机外壳(搭铁)之间(保持线圈两端)的电阻值是否符合要求(不同型号的起动机,电阻值在 0.5~1.3 Ω 之间）。

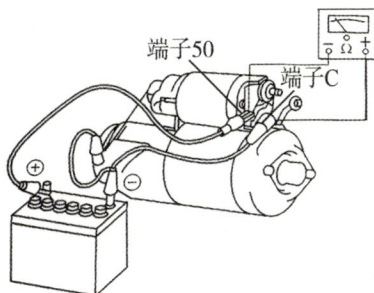

图 5-3-3　保持线圈检测示意图

2）保持线圈吸合性能检测。在驱动齿轮移除之后,从端子 C 上脱开导线,驱动齿轮仍能停留在伸出位置,表明保持线圈性能正常,否则,表明保持线圈有故障。

（3）驱动齿轮复位检测。图 5-3-4 所示为驱动齿轮复位检测示意图。拆下蓄电池负极,连接起动机外壳的接线夹后再进行检测。

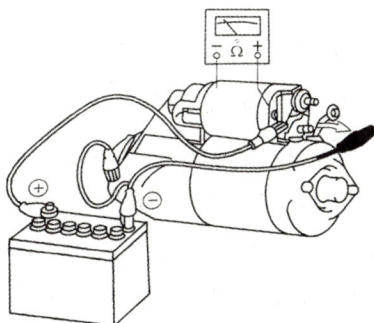

图 5-3-4　驱动齿轮复位检测示意图

2.起动机的拆装

以丰田系列常规式起动机为例,拆装步骤如下。

（1）从电磁开关处断开引线。

（2）拧出固定起动电磁开关的两个螺母,取下起动电磁开关。

（3）拧出后轴承盖的两个螺钉,取下后轴承盖。

（4）用螺钉旋具将锁止板撬开,取出弹簧和胶圈。

（5）拧出两个贯穿螺栓,拆下换向器端框架。

（6）用铁丝钩掏出 4 个电刷,同时拆下电刷架。

（7）将励磁绕组架和电枢等一并取下。

（8）用螺钉旋具轻轻敲入前端止动圈套,撬出弹簧卡环,从电枢轴上拆下止动圈套和单向离合器。

（9）按照与拆卸起动机相反的步骤安装起动机。

任务四　起动系统故障诊断

一、实训目的与要求

(1)熟悉起动系统的工作原理和控制方法。

(2)掌握起动系统的故障诊断与排除方法。

二、实训仪器和设备

实训用轿车4辆,万用表4个,试灯4个,常用工具4套。

三、实训步骤

1.起动机不转的故障诊断与排除(以带起动附加继电器的起动系统电路为例)

(1)检查蓄电池"存电"状况。起动发动机的同时,接通前照灯或喇叭,观察灯光亮度和喇叭声响是否正常,如变弱,则检查蓄电池是否亏电和线路连接是否松动。

(2)检查起动机。用一字旋具短接起动机端子30和端子C,观察火花强弱和起动机工作状况。若短接时无火花且起动机不转,说明励磁绕组、电枢绕组或电刷引线等有断路故障,应拆下起动机检修。若短接时有强烈火花而起动机不转,说明起动机内部有短路或搭铁故障,应拆下起动机检修。若短接时起动机正常运转,则进行下一步检查。

(3)检查起动机电磁开关。用导线短接起动机电磁开关端子50和端子30,观察起动机电磁开关和起动机工作状况。若起动机电磁开关吸合正常,起动机不转,说明接触盘与端子30和端子C接触不良,应拆修起动机电磁开关。若起动机电磁开关发出"哒、哒……"的吸合声,起动机不转,说明起动机电磁开关内部吸引线圈或保持线圈断路、短路或接触不良,应拆修起动机电磁开关。若起动机电磁开关正常吸合,起动机运转,说明起动机和起动机电磁开关良好,则进行下一步检查。

(4)检查起动机附加继电器。检查点火开关拨到起动挡时,起动附加继电器是否有吸合的声音。若有吸合的声音,起动机不转动,而短接起动附加继电器"S"与"B"接线柱时起动机转动,则故障原因为起动附加继电器触点接触不良或烧蚀。若无吸合的声音,而短接起动附加继电器"S"与"SW"接线柱时起动机转动,则故障原因为点火开关损坏或点火开关到起动附加继电器的导线断路。若无吸合的声音而将起动附加继电器搭铁接线柱直接与本体连接时,起动机正常运转,则故障原因为起动附加继电器搭铁不良。若上述检查正常,则进行下一步检查。

(5)检查蓄电池至点火开关电路。排除电磁开关端子50至蓄电池至正极之间线路或点火开关故障时,可用12 V/2 W试灯逐段进行诊断排除。将试灯的一个引线电极接搭铁,另一个引线电极接点火开关端子30,如果试灯不亮,说明蓄电池电极至点火开关间的线路断路;如果试灯发亮,说明该段线路良好,则进行下一步检查。

(6)检查点火开关。将试灯引线电极接点火开关端子50,点火开关转到起动位置,如果试灯不亮,说明点火开关故障,应换用新品;如果试灯发亮,说明点火开关良好,故障发生在点火开关端子50与起动机端子50之间,逐段检查即可排除。

2.起动机运转无力的故障诊断与排除

若将点火开关转到起动位置时,起动机能转动,但转速很低(转矩小的缘故),不能正常起动,故障多发生在蓄电池、起动机及它们之间的电路上。例如:蓄电池亏电较多,导线接触不良,起动机内部的励磁绕组和电枢绕组有短路或搭铁处,电刷与换向器之间接触不良,电磁开关和柱头接触不良以及轴承与转轴过松或过紧,等。检查步骤如下:

(1)检查蓄电池是否亏电。可按喇叭和开前照灯进行检查,若喇叭声音小、前照灯灯光暗淡,则可能是蓄电池存电不足或连接线松动而接触不良。此时可用手触摸蓄电池各接线端子,发热说明其接线连接不良,应拆下导线,用砂纸打磨后重新装回,并用螺栓紧固;若手摸蓄电池各接线端子的温度正常,则说明蓄电池故障,应予以维修或更换。

(2)如果蓄电池正常,用一字旋具短接起动机的电源主接线柱,观察短接处的火花强弱和起动机的运转情况。

1)火花强(表示电流很大),起动机运转正常,证明蓄电池到起动机之间的线路及起动机良好,故障出在电磁开关上,例如接线盘和触头烧蚀严重或脏污而造成接触不良等。

2)火花强,起动无力,可能是起动机内部绕组局部短路或有接铁处,也可能是转轴与轴承配合过紧(摩擦阻力大)或过松而使电枢与磁极碰擦(有摩擦声)。

3)火花弱(表示电流小),起动无力,可能是接线柱与接线头之间氧化、脏污或松脱引起接触不良,也可能是电刷与换向器之间接触不良。

3.起动机空转的故障诊断与排除

接通点火开关起动挡,起动机只是空转,不能带动发动机曲轴运转,原因可能是单向离合器打滑、拨叉脱离变形、缓冲弹簧折断或太软、飞轮齿环有几个齿位损坏、电磁开关行程调整不当以致开关闭合时间过早或起动机固定螺钉松动等。

(1)起动机空转时转速很高,可听到高速转动的"嗡嗡"声,但发动机不转,一般为单向离合器打滑,可检查单向离合器锁止力矩,并予以修理调整。

(2)起动机空转且伴有齿轮撞击声,可检查缓冲弹簧是否折断或过软、起动机电磁开关行程调整是否得当、起动机固定螺钉是否松动等,并根据实际情况予以修理。

(3)起动机空转时切断电源,摇转曲轴,使飞轮齿环转过一个角度,再起动,可以正常带动发动机运转,说明飞轮齿环有连续几个齿损坏。

4.起动机异响的故障诊断与排除

(1)起动机驱动小齿轮周期性的撞击飞轮齿环,发出"哒、哒……"声,一般是因为电磁开关的保持线圈或吸引线圈断路、短路或接触不良,蓄电池亏电。诊断方法如下:

1)检查蓄电池是否亏电(按喇叭、开大灯,观察喇叭音响和灯光明亮程度是否正常)。若蓄电池性能良好,则说明电磁开关工作不良。

2)用万用表检测电磁开关保持线圈与吸引线圈是否短路、断路或接触不良。

(2)起动时起动机有"扫膛"现象,故障为电枢轴轴线间隙过大,一般是因为铜套磨损或损坏(解体起动机,更换铜套)。

(3)起动时有较大的响声且转子转动无力,一般是装配过紧或电枢轴弯曲等机械故障导致,此时必须解体起动机进行检查并按规定装配。

项目六

汽车照明与信号系统

🔍 学思课堂

　　顾秋亮,"蛟龙号"载人潜水器首席装配钳工技师。"蛟龙号"是中国首个大深度载人潜水器,其密封性要求极高,精密度要求达到"丝"级。能实现这个精密度的只有顾秋亮。他埋头苦干,踏实钻研,让他赢得了大家的信任,也见证了中国从海洋大国向海洋强国的迈进。

💡 思维导图

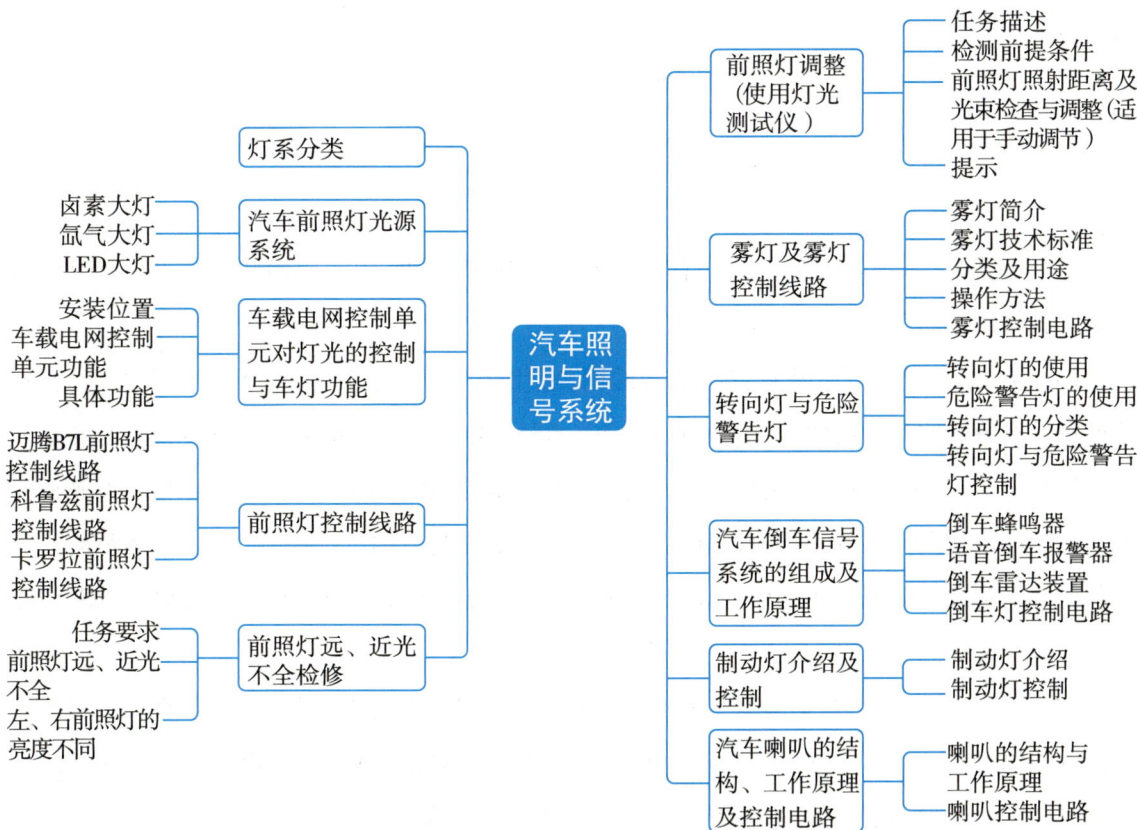

📖 **知识目标**

(1)了解汽车照明系统、信号系统,特别是报警装置的构成及工作原理;

(2)掌握前照明灯的安装及调整方法;

(3)掌握电喇叭继电器的原理及检修调整方法,以及照明系统一般故障的判断及检测方法。

👤 **能力目标**

(1)能够拆卸、安装和调整车辆的各种灯具、组合仪表;

(2)能够理解、分析汽车照明、信号电路;

(3)能够根据汽车电路图诊断照明、信号、仪表控制电路并排除故障。

🖥 **项目导言**

汽车照明与信号系统常见故障有照明灯全不亮、灯光不全、转向灯不亮、转向灯闪烁不正常、喇叭不响等故障。通过本项目的学习,使学生具备对汽车照明与信号系统故障进行诊断与排除的能力。

任务一　灯 系 分 类

汽车灯系按其安装位置和用途不同,可分为外部照明装置、内部照明装置和汽车灯光信号装置。具体用途如下:

(1)前照灯,俗称大灯,装在汽车头部的两侧,用来照亮车前的道路,有两灯和四灯之分。前照灯具有特殊的光学结构,功率为 40~60 W。国家规定:机动车前照灯必须具备远光和近光两种照明方式,并可通过变光装置转换。前照灯应保证车前有明亮且均匀的照明,使驾驶员能看清前 100 m 内路面上的障碍物。随着汽车行驶速度的提高,对汽车前照灯的照明距离要求也相应越来越远。前照灯在工作时,应具有防眩目功能,以免夜间两车相会时使对方驾驶员眩目而造成交通事故。

(2)雾灯,分为前雾灯、后雾灯。在有雾、下雪、暴雨或尘埃弥漫等情况下,点亮雾灯可改善道路的照明情况。每车配备一只或两只雾灯,安装位置比前照灯稍低,一般离地面约 50 cm,射出的光线倾斜度大,光色为黄色或橙色(黄色光波较长,透雾性能好)。

(3)示宽灯,汽车在夜间行驶时,示宽灯可标示汽车的宽度,装于汽车的前面、后面和侧面。

前面的称为小灯、示宽灯或位置灯,光色为白色或黄色;后面的称为后位灯、尾灯,光色为红色;侧面的称为侧位灯,光色为琥珀色。

（4）信号灯,即转向信号灯,有前、后、侧转向之分,光色为琥珀色。汽车转弯时,发出明暗交替的闪光信号,以表明汽车向左或向右转向行驶。转向信号灯的功率在 20 W 以上。在紧急遇险状态需要其他车辆注意、避让时,可通过危险警告灯开关使全部转向灯同时闪烁。

（5）尾灯,装在汽车的尾部,夜间行驶时,可警示后面的车辆,以便保持一定的距离。

（6）制动灯,装在汽车尾部,当踩下制动踏板时,可发出较强红光,以示制动,警告后方的车辆,防止追尾。为避免后方的大型车与轿车发生碰撞,轿车后窗内可加装由发光二极管成排显示的高位制动灯（第二制动灯）。制动灯功率多为 21 W,灯罩透光面积较大。

（7）倒车灯,可照亮车后路面,并警示其他车辆和行人,表示该车正在倒车,光色为白色,功率一般为 21 W。

（8）牌照灯,装于汽车牌照的上方或两侧,用来照亮汽车牌照,功率为 5~15 W。

（9）停车灯,夜间停车时,用来标志汽车的存在。

（10）仪表灯,装在仪表板上,用来照明仪表。

（11）顶灯,装在车厢或驾驶室内顶部,作为内部照明之用,用相应的专门开关控制,也有用门开关进行控制的,关车门后需车内照明时,由专门开关控制,功率为 5~8 W。

（12）警告及指示灯,有机油压力过低警告灯、充电指示灯、转向指示灯、远光指示灯等,安装在仪表板上,功率为 2 W。警告灯一般为红色或黄色,指示灯一般为绿色或蓝色。

（13）其他辅助用灯,为了便于夜间检修,汽车上还设有工作灯,经插座与电源相接。有的在发动机舱盖下面还装有发动机罩下灯,其作用与工作灯相同。

（14）前转向信号灯和示廓灯,通常制成双丝灯泡,其中功率较大的一根灯丝（20 W）作转向信号灯用,功率较小的一根灯丝（8 W）作示宽灯用。后转向信号灯常和尾灯制成双丝灯泡。多将汽车后部的尾灯、后转向信号灯、制动灯、倒车灯等组合起来称为组合后灯,将前照灯、雾灯或前转向信号灯等组合在一起称为组合前灯。

任务二　汽车前照灯光源系统

目前市面上主要的前照灯光源种类有 3 种,分别是卤素大灯、氙气大灯及 LED 大灯,如图 6-2-1 所示。其中,卤素大灯及氙气大灯为市面上的主流大灯,LED 大灯只有较少一部分高档的新车型采用。

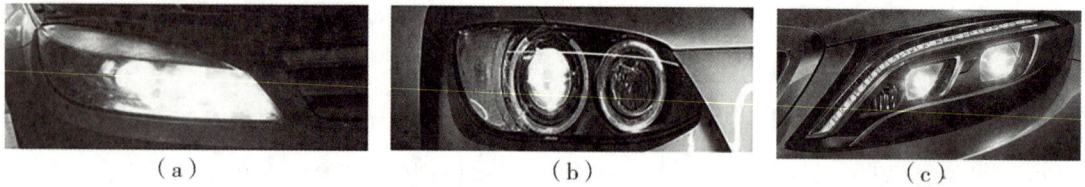

图 6-2-1　前照灯光源种类

(a)卤素大灯;(b)氙气大灯;(c)LED 大灯

一、卤素大灯

常见车型:入门车型、部分低配车型、越野车型。卤素大灯具有很久的历史,产生于 20 世纪 60 年代,是充有溴、碘等卤族元素或卤化物的钨灯。它是新一代白炽灯,为了提高它的发光效率,必须提高钨丝灯的温度,但相应会造成钨的升华,并凝华在玻璃壳上使之发黑。在白炽灯中充入卤族元素或卤化物,利用卤钨循环的原理可以消除白炽灯的玻璃壳发黑现象。

优点:卤素大灯的色温偏低,如果遇到风雪天气,它具有更强的穿透力,所以一些越野车会采用卤素大灯作为标配。另外,卤素大灯的制作技术非常成熟,在大灯中的成本是最低的,所以在市场上被广泛运用。

缺点:亮度不足是卤素大灯最大的缺点,其路面照明效果不及氙气大灯和 LED 大灯,并且使用寿命也相对较短。在使用期间还会有较为明显的亮度衰减。由于现在人们对光源的要求逐渐提高,所以卤素大灯也逐渐被取代。

二、氙气大灯

常见车型:中高档车型。高配车型氙气大灯相对于卤素大灯科技度更高,一直以来都被应用于一些高配车型。氙气大灯又称高强度放电式(High Intensity Discharge,HID)气体灯。氙气灯的发光原理是在抗紫外线水晶石英玻璃管内,以多种化学气体充填,其中大部分为氙气与碘化物等,然后通过增压器将车上 12 V 的直流电压瞬间增压至 23 kV,经过高压振幅激发石英管内的氙气电子游离,在两电极之间产生光源,这就是所谓的气体放电。由氙气所产生的白色超强电弧光可提高光线色温值,类似白昼的太阳光芒。HID 氙气灯工作时所需的电流仅为 3.5 A,亮度是传统卤素灯泡的 3 倍,使用寿命比传统卤素灯泡长 10 倍。

优点:氙气大灯通过高电压激活气体发光,发光的色温值接近于太阳光的状态,能够带来更加舒适的视觉感受,可以减轻驾驶视觉疲劳。氙气大灯的照明功率更强,拥有超长及超广角的视野,夜间行车视野更清晰,大大地提高了夜间行车安全性,降低了事故发生率。

缺点:安装较为复杂,需要对汽车有一定了解的客户才能自行安装。起动速度也相对较慢,需要 3~5 s 才能够达到最亮状态,在刚开灯和切换远、近光灯的时候尤为明显。

1.组成构件

氙气前照灯由灯头(氙气灯泡)、电子整流器(也称安定器、稳压器、火牛等)、线组等组成。氙气灯元件图如图6-2-2所示。

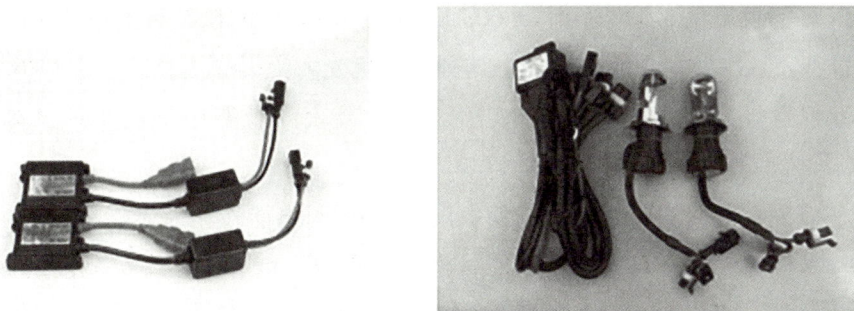

图6-2-2　氙气灯元件图

(1)灯头。HID氙气灯灯头是没有灯丝的,它是利用电极产生电流,促使氙气分子碰撞产生亮度,不存在钨丝烧断的问题(存在钨丝的都不能称为氙气灯)。

(2)电子整流器。蓄电池12 V的直流电压,经过一系列的转换、控制、保护、升压、变频等动作后,产生一个瞬间23 kV的点火高压对灯头进行点火,点亮后再维持85 V的交流电压,起动电流为8 A左右,工作电流为4 A左右。

(3)线组。线组一般采用阻燃材料做成,通过加大电源线的截面积,提高了电流通过能力,保证了HID氙气灯的正常工作,部分H4型号的氙气灯配继电器线组进行工作控制。

2.型号

氙气大灯按灯泡分,一般可分为3种系列:即900系列、H系列和D系列。这些型号和汽车的普通大灯灯泡型号是相对应的。

HID氙气灯的型号和卤素灯泡是一一对应的,即原来卤素灯泡是什么型号,那么改装HID氙气灯的时候,也需要用相同的型号。

(1)H系列:H1、H3、H4、H6、H7、H8、H9、H10、H11、H13等;

(2)900系列:9004(HB1)、9005(HB3)、9006(HB4)、9007(HB5)等;

(3)D系列:D1S、D2S、D1R、D2R、D1C、D2C、D3C、D4C等;

(4)其他:880、881。

在汽车HID氙气灯中应用较多的是H1、H4、H7、9005、9006、9007等型号。

H4、H13、9004、9007这4种型号,其原来的卤素灯泡里面都有两根钨丝,一根是远灯,一根是近灯,而由于氙气灯在一个灯管里做不到近光和远光,于是分别有4种系列,如H(又称单灯,只有远光或者近光)。卤素灯泡在工作时会产生高温,容易烧断钨丝,寿命平均只有250 h。HID灯是利用气体放电发光,没有钨丝存在,不易损坏。H4-3、H13-3、9004-3、9007-3以及H4-H/L、H13-

H/L、9004-H/L、9007-H/L型号氙气灯均为远近光一体的氙气灯,其中 H/L(High/Low)是高/低的代表。

3.产品特性

(1)氙气灯的色温从 3 000 K 到 12 000 K,其中 6 000 K 的色温与太阳光相似,且灯光中含较多的绿色与蓝色,因此呈现蓝白色光。这种蓝白色光大幅提高了道路标志和指示牌的亮度。

(2)HID 氙气灯高出卤素灯 3 倍的亮度,对提升夜间及雾中驾驶视线清晰度有明显的效果。

(3)氙气灯发射的光通量是卤素灯的 2 倍以上,同时电能转化为光能的效率也比卤素灯增加 70% 以上,所以氙气灯具有比较高的能量密度和光照强度。汽车车灯亮度的提高也有效扩大了车前方的视觉范围,从而营造出了更为安全的驾驶条件。

(4)氙气灯可省电 1/2,卤素灯耗费 60 W 以上的电力,氙气灯只需 35 W 的电力。

(5)由于氙气灯没有灯丝,因此就不会产生因灯丝断而报废的问题,使用寿命比卤素灯长得多。氙气灯的使用寿命相当于汽车平均使用周期内的全部运行时间。

(6)氙气灯一旦发生故障,不会瞬间熄灭,而是通过逐渐变暗的方式熄灭(或者快速点亮),使驾车者能在黑夜行车中赢得时间,紧急靠边停车。

4.安装过程

(1)关闭车辆两侧电源,等待车灯和发动机完全冷却。

(2)将前大灯灯具接头、防水橡胶罩及旧灯泡取下。在有足够安装空间的情况下,可以不摘取大灯。

(3)取出 HID 照明系统,仔细检查后将 HID 灯泡安装在前灯具灯座上。取下套在 HID 灯外的保护罩,将 HID 灯泡装入前灯,切忌硬塞、硬转,注意不能用手碰触灯泡。

(4)在防水橡胶罩"钻"小孔,将 HID 灯泡线束引出,并需确认防水圈与橡皮罩密封。

(5)连接好灯泡线后,盖上大灯后盖,确保压力弹簧安装到位。

(6)将整流器输入端(12 V 直流电源)与车辆前大灯灯具供电端连接,并将整流器输出端与灯泡的连接器接好。用安装支架把安全器固定在通风、散热好的地方,再用扎带固定好线组。

(7)确认正极、负极正确无误后,发动车辆,接通电源使灯点亮。

(8)检查光源所射出光束的高度、距离及光形,并做调整,使之符合交通法规要求。

5.HID 灯安装注意事项

HID 车灯系统在起动瞬间将产生 23 kV 的电压,安装和拆卸照明系统时切记切断输入电源。安装前请检查安定器、灯泡、线束、插头及其他部件。如发现电线损伤、接线或插头损坏、高压电线外露等情况,请立即停止操作。氙气灯安装由专业人士安装及调校。

(1)确保安装氙气灯时电源开关闭合。

(2)氙气灯泡安装前不要取下灯泡保护罩,不要用手接触灯泡。

(3)将安定器尽可能远离发动机固定,以免过热。

(4)请勿将高压线打结,或将扎带扎得过紧,避免加速电线老化;确认线路正负极的正确连接,连接线必须固定,不能受挤压、折叠,或悬挂晃动。

(5)在调整灯泡时,请不要让灯泡末端接触到大灯的内遮光罩(留 5 mm 空间)。

(6)在会车时请使用近光灯,以免影响对方视线。

(7)灯光点亮后,不能用手调校灯泡,以免灼伤和触电。

(8)每个氙气灯起动时电流约为 6 A,可能对敏感电器造成短暂保护。

(9)氙气灯点亮后请不要直视灯光,以免造成眼睛疼痛及视力障碍。

6.安定器安装注意事项

(1)不要将安定器装在发热体旁边,一般可以安装在保险杠下面,能够帮助散热。

(2)不要将安定器安装在一些电线旁边,不要安装在离水源较近的地方,如水箱附近(过度潮湿的空气会导致安定器的漏电和老化)。

(3)安放于透气性较好的位置,以便让空气流动来降低安定器的温度。安装后,一般将线组上的继电器、保险丝露出来,方便更换。

(4)安定器的高压线部分不应缠绕,以免产生过大的磁场而影响汽车其他的电器设备。安定器接线处向下安装。

(5)灯泡安装后要保证密封。

(6)安装时,专用线组走线一般要保持美观,不要与发热体相连,以免温度过高造成电线短路、断路。专用线组要用扎带扎好,不要与机械运动的部件接触,以免造成不必要的故障。

(7)各个接口、保险丝要用电工胶布捆扎好,以免发生松动导致接触不良。

(8)当灯安装好后,有一边不亮或者会闪的,一般先将专用线组的负极调整位置。

(9)安装 H4 型号的灯时,如果灯时亮时不亮、不会亮、会不断闪光,先检查 H4 接线的正负极有没有匹配,一般分两种,即++--和--+,匹配好就会恢复正常。

(10)遇到车架是正极的车,要将安定器包上绝地胶,安定器才会工作。

(11)安装后,如果没有安装专用线,为避免起动时过大的电流将原车保险丝熔断,要将原车控制保险丝换成 20 A 以上。

三、LED 大灯

常见车型:少数高配车型、高档车型。LED 大灯曾经是高档车型上使用的技术,如今有不少的国产车型也逐渐开始采用这一技术。LED 大灯的成本其实并不高,但是所需要的技术却不简单。2008 年,奥迪首先在 A4 上使用了 LED 示宽灯,开启了 LED 大灯时代,之后很多厂商都开始跟进,在高档车型中逐步采用 LED 示宽灯。

优点:LED 大灯相对于卤素大灯与氙气大灯,主要特点为亮度高,使用寿命长,更加节能、环保。节能、环保是汽车未来发展的方向。

缺点:LED 大灯仍未达到最大亮度水平,还有非常大的提升空间。

任务三　车载电网控制单元对灯光的控制与车灯功能

一、安装位置

车载电网控制单元通常安装在驾驶员侧脚部空间饰板后。

二、车载电网控制单元功能

图 6-3-1 所示为车载电网灯光功能图。

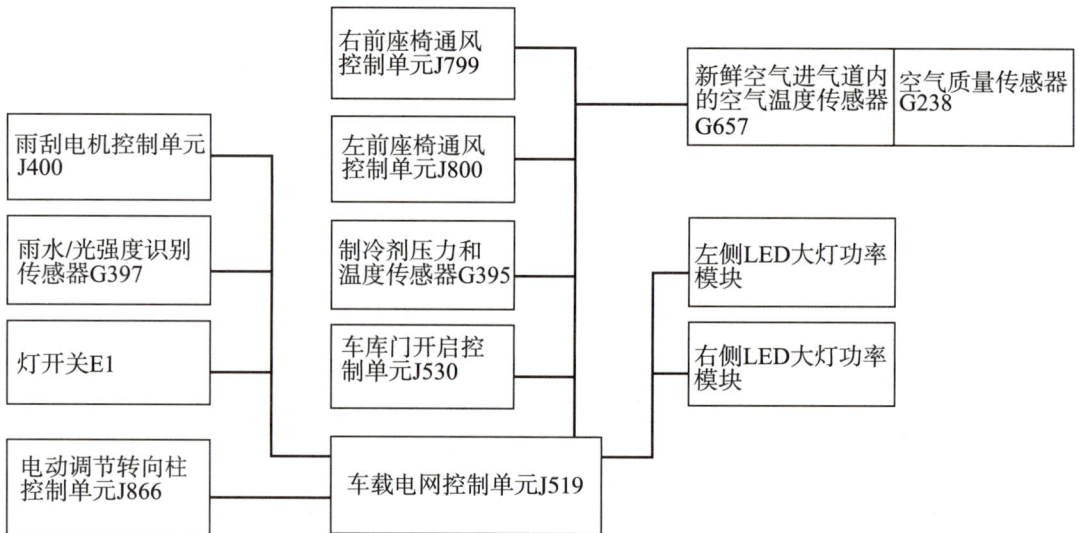

图 6-3-1　车载电网灯光功能图

车载电网控制单元的功能包括：①雨刮/清洗功能；②空调器功能；③舒适系统中央控制单元自诊断功能；④通过 LIN 总线连接触发雨刮器；⑤通过 LIN 总线连接读取雨量与光照传感器；⑥控制挡风玻璃清洗泵；⑦控制大灯清洗泵；⑧外部车灯总控制单元,控制前部照明灯；⑨当主控制器出现故障时,用作车灯应急逻辑单元；⑩读取报警灯按键信息和照明；⑪当舒适系统出现故障时,用作应急信号灯主控制单元(方向信号、报警信号和碰撞信号)；⑫控制前转向灯(舒适电子中央控制单元是转向灯主控制单元)；⑬旅行灯的 MMI 网关(配置升级版氙气大灯时,由静态随动转向灯和照明距离调节控制单元控制,配置 LED 大灯时,由线路断路器控制)；⑭通过车门控制单元控制侧面转向灯；⑮通过 LIN 总线连接读取车灯旋钮开关位置；⑯通过主大灯实现静态随动转向和动态随动转向照明功能；⑰车内照明主控制单元(车内照明灯、前后脚部空间照明灯)；⑱功能照明和轮廓照明。

三、具体功能

1.光纤识别传感器和雨水识别传感器

(1)光纤识别传感器的作用。

1)自动开关车灯:光纤识别传感器可以检测到环境光线的强度,当外部环境光线强度不足时,它会自动开启车灯,提高行车安全性。

2)自动调节仪表板亮度:光纤识别传感器可以自动调节仪表板的亮度,以便在不同的环境光线条件下提供最佳的视觉效果,使驾驶员更加轻松地观察车辆各项信息。

3)节能:光纤识别传感器可以自动控制车灯的开启和关闭,根据光线强度来避免车灯开启时间过长,从而降低能耗和节省燃料。

(2)雨水识别传感器(见图6-3-2)的作用。

1)雨水识别传感器根据光折射的原理来判断前挡风玻璃的湿度情况,从而激活雨刮器。

2)雨水识别传感器内集成有环形的发光二极管,这个发光二极管在乘员舱内透过前挡风玻璃发射出红外线光。玻璃浸湿时,发射到玻璃上的红外线光发生散射,反射到光电二极管的光减少,从而判断是否下雨。

图6-3-2　雨水识别传感器示意图

2.车载电网控制单元车灯管理

图6-3-3所示为灯光管理功能。车载电网控制单元车灯包括远光灯、近光灯、高速公路灯、乡村公路灯、城市照明灯、全天候灯、弯道灯、动态弯道灯、静态弯道灯、转向信号灯、驻车灯、日间行车灯、雾灯、十字路口照明灯等。

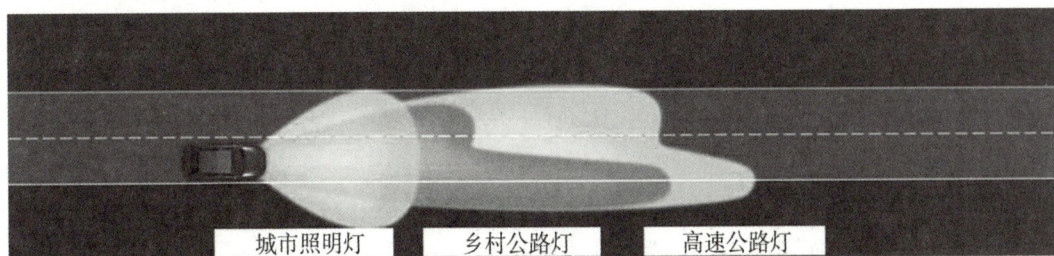

图6-3-3　灯光管理功能

表6-3-1所示为城市照明灯、乡村公路灯、高速公路灯打开条件。

129

表 6-3-1　灯光管理功能表

		城市照明灯	乡村公路灯			高速公路灯
无导航系统	车速/(km·h⁻¹)	5~50	50~100			>110
有导航系统	市区内	√	√			
	高速公路			√		√
	其他公路形式				√	
	车速/(km·h⁻¹)	5~60	>60	<80	任何车速	

3.车载电网控制单元对静态弯道灯的管理

静态弯道灯管理如图 6-3-4 所示。

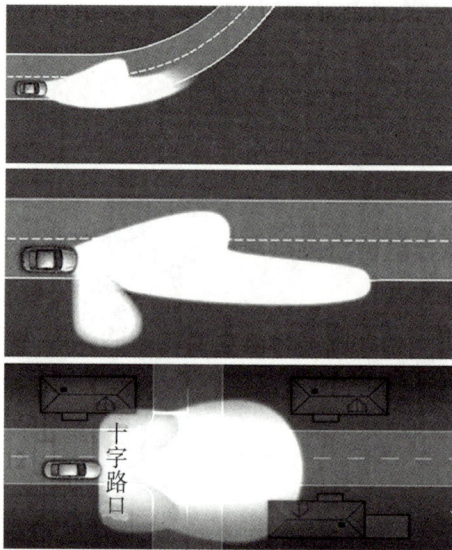

图 6-3-4　静态弯道灯管理

静态弯道灯管理如下:方向盘转向幅度大且车速低于 70 km/h,或已激活转向灯且车速低于 40 km/h 时,十字路口灯必须配备导航系统,随动转向灯根据车速和转向角度自行匹配弯道照明,车速在 10~110 km/h 之间时被激活。

4.车载电网控制单元对远光灯的管理

远光灯管理如图 6-3-5 所示。

在满足远光灯辅助系统打开的前提条件下,远光灯辅助系统用于实现远光灯和近光灯之间的切换。

全新奥迪 A3 可以选装两种远光灯辅助系统。

(1)数字式远光灯辅助系统:以数字方式切换远、近光灯,只能实现远、近两级调节。

(2)自适应大灯照明距离调节系统:根据环境条件对大灯照明距离进行无级调节。

图 6-3-5　远光灯管理

5.车载电网控制单元数字式远光灯辅助系统

远光灯辅助管理如图 6-3-6 所示。远光灯辅助系统可装配在卤素大灯、双氙气大灯、LED大灯上,根据其他车辆的大灯灯光识别前行车辆及对向车辆,向车载电网控制单元发送远、近光请求。自适应大灯照明距离调节系统用在配备自适应车灯的双氙气大灯上。

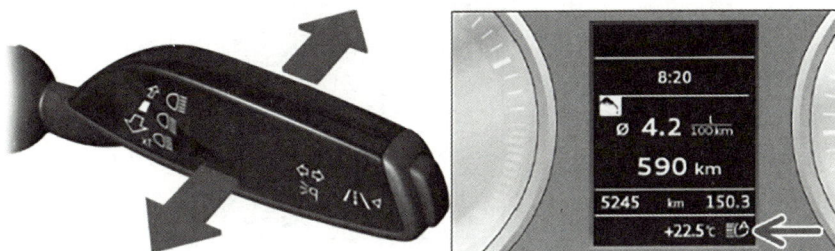

图 6-3-6　远光灯辅助管理

6.车载电网控制单元远光灯辅助系统打开前提条件

图 6-3-7 所示为远光灯开启情况。

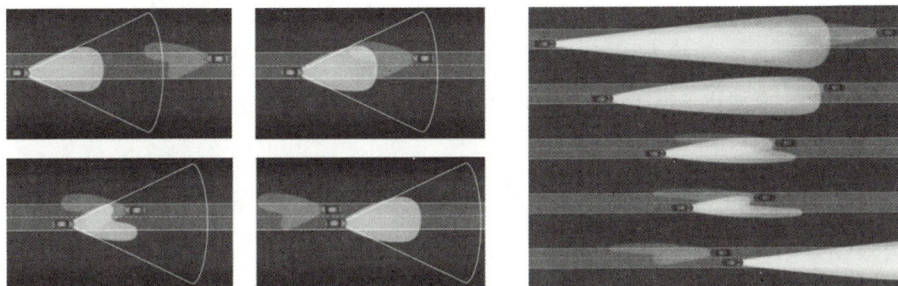

图 6-3-7　远光灯开启情况

远光灯开启的条件:①车灯开关必须处于打开位置,而且近光灯已打开;②中远光灯辅助功能已打开;③向前轻推转向灯拨杆,组合仪表显示图标,表示远光灯辅助系统已打开;④关闭打开后再次向前轻推转向灯拨杆,关闭远光灯辅助功能。

7.车载电网控制单元会车控制

图 6-3-8 所示为会车管理。

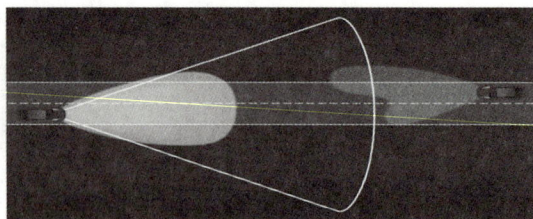

图 6-3-8　会车管理

8.车载电网控制单元对车灯的控制原理

图 6-3-9 所示为灯光控制原理图。大灯开关、转向操纵杆和雨刷操纵杆、点火+起动钥匙、仪表信号、网关、大灯信号、尾灯+制动灯、室内灯、雾灯、转向灯+后雾灯等集中对车灯进行管理与控制。

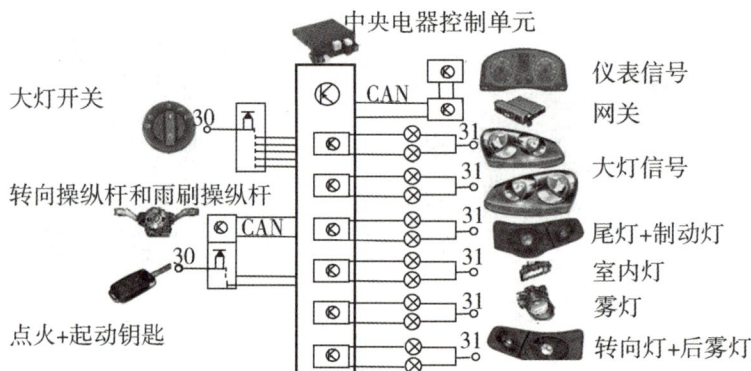

图 6-3-9　灯光控制原理图

9.灯光应急控制

图 6-3-10 所示为应急控制。在点火开关打开状态下,如果车载电网控制单元检测到一个错误的信号,则灯光控制进入应急状态,此时驻车灯和近光灯自动点亮。

10.车灯故障监控

冷监控和热监控在 15 线接通后(灯开关没有打开),在 500 ms 内进行 4 次检测。灯的开关打开后,将一直对使用中的灯泡进行监控,检测是否有过载、短路或断路现象发生。一旦检测到故障,控制单元会存储故障,同时组合仪表上会出现故障警报灯(见图 6-3-11),并且会有相应的故障提示信息。

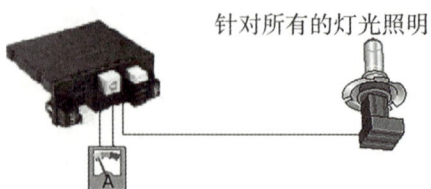

图 6-3-10　应急控制

6-3-11　车灯故障监控

11.后尾灯光强控制

现在大多数轿车后尾灯都采用 LED 灯,并且设计成采用一个灯泡多个功能。例如:后行车灯和制动灯使用一个灯泡,在行车时亮度较暗,制动时亮度较高;在行车时由车载电网控制单元提供 15% 的供电,在制动时由车载电网控制单元提供 100% 的供电。

12.大灯自动控制高速路功能

当车速超过 140 km/h,时间持续在 10 s 以上时,高速路功能会激活行车灯。当车速降到 65 km/h,时间超过 150 s 时,行车灯会自动关闭高速路功能,需要将大灯开关设定在自动挡。

13.下雨灯光功能

当前雨刮片被激活时间超过 5 s 时,下雨功能会点亮行车灯。当雨刮器停止工作时间超过 255 s 时,行车灯自动关闭下雨灯光功能,需要将大灯开关设定在自动挡。

14.大灯照程自动调节

灯光自动调节如图 6-3-12 所示。大灯控制单元根据车辆的负载情况自动调节大灯照程。控制单元采集安装于前、后轴水平位置传感器的信号来确定车辆的负载情况,然后命令电机动作,使大灯照射距离始终处于最佳状态。

图 6-3-12　灯光自动调节

15.动态转弯灯光

图 6-3-13 所示为动态弯道管理。动态转弯灯光系统通过集成在大灯上的电机水平调节近光灯的旋转角度范围:外侧最大约为 7.5°,内侧最大约为 15°。转弯时内侧灯光的水平旋转角度是外侧灯光的两倍。这样,转弯时不同的旋转角度可以提供更好的照明。

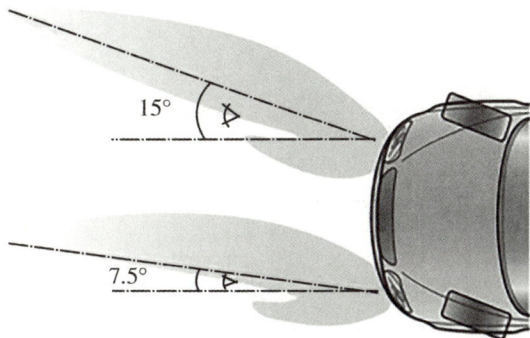

图 6-3-13　动态弯道管理

任务四　前照灯控制线路

一、迈腾 B7L 前照灯控制线路

图 6-4-1 所示为迈腾 B7L 前照灯控制线路。

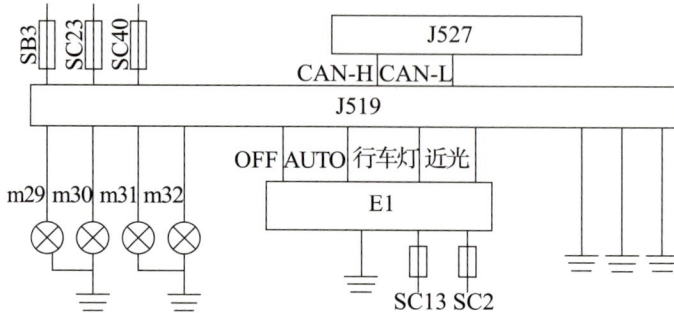

图 6-4-1　迈腾 B7L 前照灯控制线路

J527—转向柱装置控制单元；J519—车载电网控制单元；E1—车灯开关；
m29—左侧近光灯；m30—左侧远光灯；m31—右侧近光灯；m32—右侧远光灯

大众、奥迪车系前照灯由车载电网控制单元进行控制，在车载电网控制单元与前照灯之间没有其他控制装置，没有继电器和保险丝，采用控制单元直接控制。车载电网控制单元接收车灯开/关信号，命令车灯点亮/熄灭。要想保证车载电网控制单元能够接收信号及对前照灯实现控制，车载电网控制单元首先要满足其供电及接地。近光灯、远光灯开启前应该先打开点火开关，会车灯可以在"常火"状态下工作，电流走向如下。

（1）近光灯电流走向：SC13、SC2→E1 车灯开关→E1 近光灯挡位→J519→m29、m31→搭铁。

（2）远光灯电流走向：SC13、SC2→E1 车灯开关→E1 远光灯挡位→J519→m30、m32→搭铁。

（3）会车灯电流走向：变光开关→J527→J519→m29、m31→搭铁。

二、科鲁兹前照灯控制线路

图 6-4-2 所示为科鲁兹前照灯控制线路。

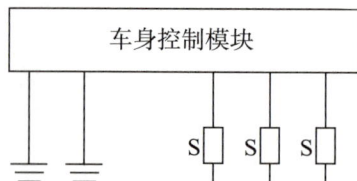

图 6-4-2　科鲁兹前照灯控制线路

美国通用车系近光灯由车身控制模块进行控制，在车身控制模块与近光灯之间没有其他控制装置(如继电器和保险丝),采用模块单元直接控制。车身控制模块接收车灯开/关信号,命令车灯点亮/熄灭。要想保证车身控制模块能够接收信号及对前照灯实现控制,车身控制模块首先要满足其供电及接地。远光灯在车身控制模块与灯泡之间有继电器和保险丝。近光灯、远光灯开启前应该先打开点火开关。会车灯可以在"常火"状态下工作。

(1)近光灯控制过程。图 6-4-3 所示为科鲁兹近光灯控制线路。前照灯开关旋转至近光挡位,车身控制模块收到近光灯挡位信号,由车身控制模块向左侧近光灯及右侧近光灯供电,灯泡接地完成点亮过程。

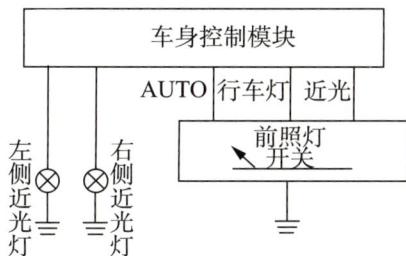

图 6-4-3　科鲁兹近光灯控制线路

(2)远光灯控制过程。图 6-4-4 所示为科鲁兹远光灯控制线路。前照灯开关旋转至远光灯挡位,车身控制模块收到远光灯挡位信号,由车身控制模块向左侧远光灯及右侧远光灯供电,灯泡接地完成点亮过程。

转向信号多功能开关闭合,向车身控制模块提供远光灯信号,车身控制模块远光继电器线圈导通。

电流走向:

1)IG→远光继电器85#→远光继电器线圈→远光继电器86#→车身控制模块接地,导致远光继电器开关闭合。

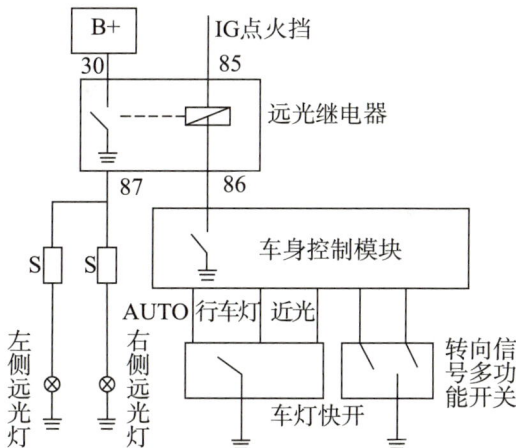

图 6-4-4　科鲁兹远光灯控制线路

2)B+→远光继电器30#→远光继电器开关→远光继电器87#→S→左(右)侧远光灯→搭铁。

(3)会车灯控制过程。转向信号多功能开关闭合,向车身控制模块提供远光灯信号,车身控制模块远光继电器线圈导通。

电流走向:

1)IG→远光继电器85#→远光继电器线圈→远光继电器86#→车身控制模块接地,导致远光继电器开关闭合。

2)B+→远光继电器30#→远光继电器开关→远光继电器87#→S→左(右)侧远光灯→

搭铁。

三、卡罗拉前照灯控制线路

图 6-4-5 所示为卡罗拉车灯开关示意图,图 6-4-6 所示为卡罗拉灯光控制线路。

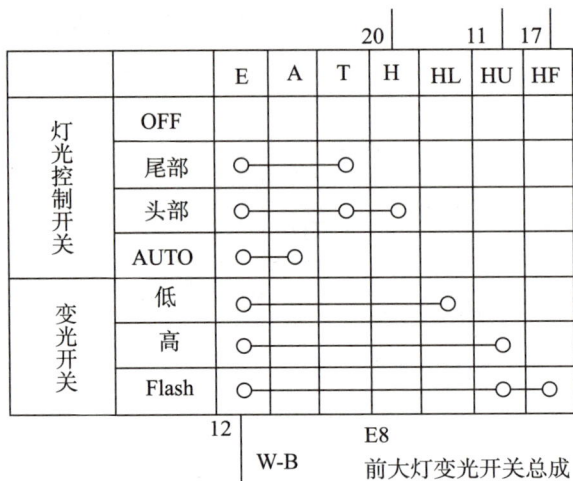

图 6-4-5　卡罗拉车灯开关示意图

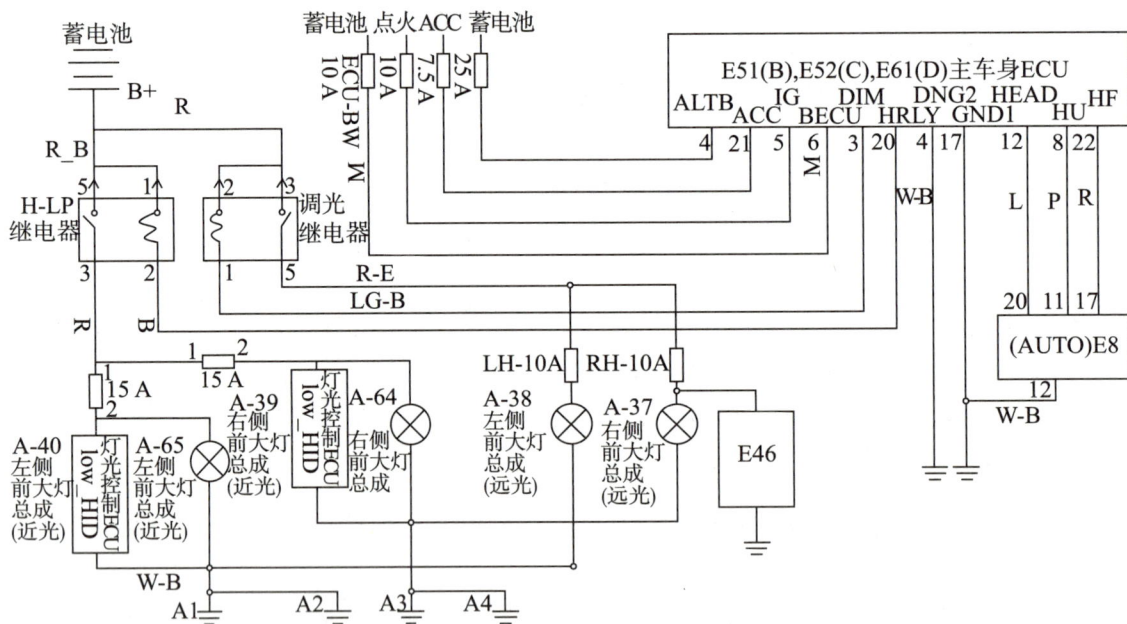

图 6-4-6　卡罗拉灯光控制线路

日本丰田车系远、近光灯由车身 ECU 进行控制,在车身 ECU 与远、近光灯之间有其他控制装置,即继电器和保险丝,采用控制单元直接控制继电器。车身 ECU 接受车灯开/关信号,命令车灯点亮/熄灭。要想保证车身控制模块能够接收信号及对前照灯实现控制,车身 ECU 首先要满足其供电及接地。近光灯、远光灯开启前应该先打开点火开关,会车灯可以在"常火"状态下工作。

(1)近光灯控制过程。大灯开关 E8 打到近光挡位,向主车身 ECU 提供近光灯开启信号。

电流走向:

1)B+→H-LP 继电器 1#→H-LP 继电器线圈→H-LP 继电器 2#→主车身 ECU HRLY→搭铁。

2)B+→H-LP 继电器 5#→H-LP 继电器开关→H-LP 继电器 3#→R→右(左)侧近光灯→搭铁。

(2)远光灯控制过程。大灯开关 E8 打到远光灯挡位,同时变光开关向主车身 ECU 提供远光灯开启信号和变光信号。

电流走向:

1)B+→调光继电器 2#→调光继电器线圈→调光继电器 1#→主车身 DIM→搭铁。

2)B+→调光继电器 3#→调光继电器开关→调光继电器 5#→R-E→右(左)侧远光灯→搭铁。

(3)会车灯控制过程。大灯开关 E8 打到会车灯挡位,向主车身 ECU 提供会车灯开启信号。

电流走向:

1)B+→调光继电器 2#→调光继电器线圈→调光继电器 1#→主车身 DIM→搭铁。

2)B+→调光继电器 3#→调光继电器开关→调光继电器 5#→R-E→右(左)侧远光灯→搭铁。

任务五　前照灯远、近光不全检修

一、任务要求

(1)通过本任务的实施,能够对前照灯照明系统进行拆装与调整,并掌握前照灯照明系统常见故障诊断与检测的步骤和方法。

(2)实施本任务应具备完成项目的车辆和该车的电路图等资料。

(3)实训设备及仪器:教学车辆、VAS5051B、X431、KT600、3 个万用表等。

二、前照灯远、近光不全

1.故障现象

灯光开关处于 2 挡位置,用变光开关变换远近光,只有远光灯或只有近光灯亮。

2.故障原因

(1)变光开关损坏。

(2)远、近光中的一个导线断路。

(3)双丝灯泡中的某灯丝烧断。

3.故障诊断与排查

灯光开关处于2挡位置,用变光开关变换远近光,只有远光灯或只有近光灯亮,这种故障出在变光开关→熔断器→灯丝的线路中。可先检查熔断器是否熔断。如熔断,则更换新的熔断器,如灯仍不亮,可直接在变光开关上连接电源接线柱与不亮的远光或近光接线柱试验。若灯亮,则故障在变光开关;若灯不亮,则说明故障在变光开关以后的线路中。可用电源跨接法,直接在灯的插头上给远、近光灯供电,若灯亮,则表明导线断路或插头接触不良;若灯仍不亮,则说明灯泡已损坏。

三、左、右前照灯的亮度不同

1.故障现象

前照灯开关接通后,不论是远光灯还是近光灯,有一侧灯光较暗。

2.故障原因

(1)灯光暗淡的一侧的双丝灯泡搭铁不良。

(2)灯光暗淡的一侧灯泡插头松动或锈蚀使接触电阻增大。

(3)灯光暗淡的一侧灯泡反射镜积有灰尘或氧化。

(4)左、右两侧灯泡的功率不同。

3.故障诊断与排除

首先,检测左、右两侧灯泡的功率是否相同,可采用互换左、右灯泡的办法进行判断。在灯泡功率相同的情况下,用一根导线,一端接车身,另一端和灯光较暗淡的灯泡搭铁接线柱连接,如果恢复正常,则表明该灯泡搭铁不良。

若灯泡单丝发光微弱,常为连接该灯泡灯丝的插头松动或锈蚀使接触电阻过大所致,可用电源跨接法迅速判明故障部位。

灯泡搭铁不良时,灯光暗淡的灯泡两根灯丝在不论接通远光还是近光时,都同时发出微弱灯光。若灯光亮度正常,就不是灯泡搭铁不良故障,一般是前照灯反射镜有灰尘或氧化,可通过消除灰尘(用压缩空气吹干净)或更换反射镜来排除故障。

任务六　前照灯调整（使用灯光测试仪）

一、任务描述

拆卸、更换前照灯后,或维修与前照灯安装位置有关的零部件后,为保证前照灯良好的照明范围,需对前照灯光束及照射距离进行必要的调整,从而保证行车安全性。

二、检测前提条件

检测前提条件:轮胎压力正常、散射灯罩不能损坏或弄脏、反射镜和灯泡正常、汽车必须处于加载状态。

载荷:对无载荷的汽车(全装备重量),在驾驶员座椅上乘坐一人或加载75 kg的重物。

全装备重量是指燃油箱已装满(至少90%)的准备运行的汽车质量,包括所有运行中随带的装备件(例如备胎、工具、汽车千斤顶、灭火器等)的质量。如果燃油箱没有装满至90%,则通过增加附加配重给汽车加载。附加配重根据汽车使用说明手册确定,配重放在行李箱中。

三、前照灯照射距离及光束检查与调整(适用于手动调节)

最好使用加水的燃油罐作为附加配重(一个加水的5 L燃油罐,重约5 kg)。汽车必须行驶几米,或者多次压缩前后部悬挂,使悬挂调整到位;汽车和大灯调整装置必须处于平面上;汽车或大灯调整装置必须已校正;倾斜度必须已调整完毕。在大灯上部的饰板上刻有"倾斜度的百分数",必须根据这些说明调整大灯。百分数是以10 m投影距离为基准的,例如倾斜度为1.0%时,相应的投影距离就是10 cm。

采用手动调节大灯照明距离的汽车,用于大灯照明距离调节的调节轮应位于位置0。

光束检查内容包括:①近光灯接通时水平的明暗界线是否与检测面的分隔线1重合;②明暗界线的左侧水平部分与右侧增高部分之间的转折点2是否在垂直线上;③穿过中心标记3光束明亮的核心部分是否在垂直线的右侧。图6-6-1所示为光束调节图。

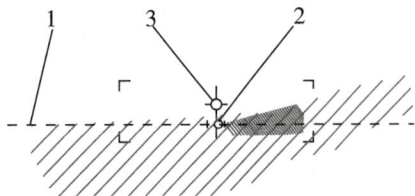

图6-6-1 光束调节图

四、提示

(1)为便于确定转折点2,请将大灯左半部分(沿行驶方向看)交替盖住再放开几次,随后再次检查近光灯。

(2)根据规定调整了近光灯后,远光灯的光束中心必须在中心标记3上。

以迈腾为例(只能手动调节),转动相关的调节钉直至将光线调整到满意的角度为止。图6-6-2所示为手动调节图。

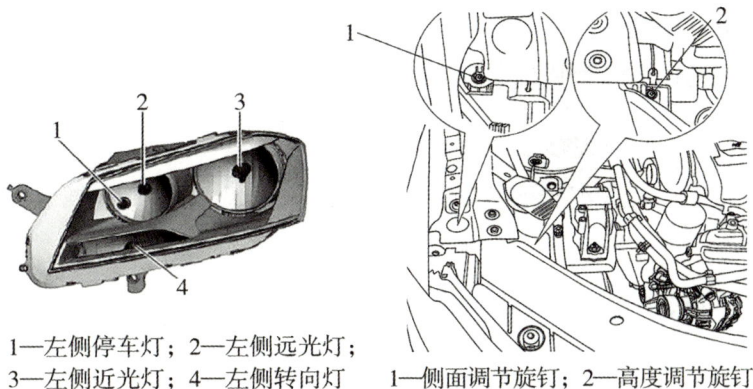

1—左侧停车灯;2—左侧远光灯;
3—左侧近光灯;4—左侧转向灯   1—侧面调节旋钉;2—高度调节旋钉

图6-6-2 手动调节图

(3)带有大灯照明调节单元(气体前照灯和普通 LED 大灯)的调整方法,以迈腾为例,在下述情况下需要做基本设定。

1)大灯范围控制单元 J431 被重新编码。

2)完成匹配。

3)大灯为新装。

4)大灯被拆卸并重新安装。

5)大灯范围控制单元 J431 被重新安装。

6)左后车辆高度传感器 G76 被更换。

7)左前车辆高度传感器 G78 被更换。

8)安装了新的车辆高度传感器支架。

9)车辆高度传感器所固定的副车架或支撑架被更换。

(4)基本设定的前提条件。

1)步进电机没有故障。

2)高度水平传感器没有故障。

3)大灯范围控制单元 J431 必须被编码。

4)蓄电池电压必须高于 10.5 V。

5)左前车辆高度传感器 G78 的数值必须介于 12.5% ~ 50.0% 之间。

6)左后车辆高度传感器 G76 的数值必须介于 50% ~ 87.5% 之间。

7)上述的条件如果有任何一个没有满足,都不能进行基本设定。

(5)基本设定过程中需要满足的条件。

1)车辆必须停在平坦的地面上(四轮着地)。

2)车辆不能有负载。

3)车灯必须接通。

4)车辆不能正在移动。

5)车辆不能有任何制动(停车制动必须放开)。

6)点火开关必须接通。

7)系统必须与诊断测试仪连接。

(6)工作步骤。

1)连接车辆诊断仪。

2)选择自我检测。

3)检测车身。

4)检测电器装置。

5)检测车载电网控制单元。

6)检测大灯基本设定。

(7)矩阵 LED 大灯调节(需要使用专用工具),在以下操作后必须校准矩阵 LED 大灯。

1）大灯位置更改（拆卸和安装、松开紧固螺栓）。

2）更换过车载电网控制单元。

3）更换过汽车高度传感器。

4）更换过汽车减震器。

5）更换过驾驶员辅助系统摄像机。

6）更换过前挡风玻璃。

7）故障存储器中记录未进行基本设定或进行了错误的基本设定。

（8）校准矩阵 LED 大灯的工作步骤（与专用工具配合使用）。

1）调整车辆高度。对于日间行驶灯和前照灯，应将车辆停在离地面 5 m 处，将后灯停在离地面 10 m 处。通过调整车辆前后悬挂系统，使大灯的光斑水平与地面保持一致。

2）校准灯光方向。在调整车辆高度后，需要校准大灯的方向。将车辆的大灯打开，观察大灯光斑在水平和垂直方向上的位置。光斑应该均匀且适度倾斜，不应向上或向下发散。适当调整大灯的方向，使其能够提供最佳的照明效果。

3）调整大灯光束。使用专业的光线测量工具，测量大灯的光束角度。根据车辆制造商的建议，调整光束角度，确保它们在合适的范围内。一般情况下，大灯光束角度应调整在 $1.2°\sim 1.8°$ 之间。

任务七 雾灯及雾灯控制线路

一、雾灯简介

雾灯多指汽车雾灯，安装于汽车的前部比前照灯稍低的位置和后部，用于在雨雾天气行车时照明道路，同时警戒其他车辆及行人。雾灯多为黄色或明亮的白色。

一般的汽车，除了前远光灯、近光灯、大灯、小灯及后面的行驶灯、制动灯，在车后不起眼的地方还有一组雾灯。车用后雾灯是指在雾、雪、雨或尘埃弥漫等能见度较低的环境中，为使车辆后方其他道路交通参与者易于发现而安装在车辆尾部的灯，其发光强度比尾灯更大。雾天能见度低，驾驶员视线受到限制，雾灯相对于普通灯光有更强的辨识度，特别是黄色防雾灯，光穿透力更强，它可以提高驾驶员与周围交通参与者的能见度，使来车和行人在较远处发现对方。

二、雾灯技术标准

从 1999 年 1 月 1 日起，我国公安部要求机动车必须安装符合国家标准的雾灯，未按规定安装后雾灯的机动车不准进入高速公路。具体的规定是：能见度在 200~500 m 时，必须开启近光灯、示宽灯和尾灯，时速不得超过 80 km/h，与同一车道行驶的前车必须保持 150 m 以上的行车间距；能见度在 100~200 m 时，必须开启雾灯、近光灯、示宽灯和尾灯，时速不得超过 60 km/h，与前车保持间距在 100 m 以上;能见度在 50~100 m 时,要开启雾灯、近光灯、示宽灯和尾灯,时速不得超过 40 km/h,与前车的间距在 50 m 以上;能见度低于 50 m 时,公安交管部门将依照规定采取局部和全路段封闭高速公路的交通管制措施。在城区一般公路上并未做出相应规定,因为城区道路行驶本身由于各种车流混杂,车速并不快,加之各路段的不同限速,即使没有安装雾灯,只要谨慎驾驶,也能够避免由于低能见度带来的不利影响。

对比国外,美国对机动车是否安装雾灯没有强制标准,装与不装完全由用户自己来决定,雾灯属于选装件,甚至有的州规定禁止使用雾灯。与我国同属亚洲的日本也没有规定车辆必须安装雾灯,而是根据用户需求来决定是否安装。韩国也不强制安装雾灯,其前雾灯为选装件,后雾灯则根本不用装。一般在低能见度情况下,比如雾天、雨天和雪天等气象条件下,韩国驾驶员将前雾灯、前大灯打开,并开启报警闪光灯,慢速驾驶。同属欧盟的法国和德国车辆必须安装雾灯,但在能见度良好的情况下,绝对不允许使用雾灯。这是因为雾灯的红色光线在没有雾、雨和雪等障碍物衰减的情况下,直接照射人的眼睛对人有切实的伤害。

三、分类及用途

1.分类

雾灯分为前雾灯和后雾灯,图 6-7-1 所示为雾灯标识。前雾灯左边是三条斜线,由一条弯曲的线穿过,右边是半椭圆形的图形;后雾灯左边是半椭圆形的图形,右边是三条横线,由一条弯曲的线穿过。前雾灯一般为明亮的黄色,后雾灯则为红色。后雾灯的标志和前雾灯有一些区别,前雾灯标志的灯光线条是向下的,后雾灯的是水平的,它们一般位于车内的仪表控制台上。由于雾灯亮度高、穿透性强,不会因雾气而产生漫反射,所以正确使用能够有效预防事故的发生。在有雾的天气,前后雾灯通常是一起使用的。红色和黄色是穿透力最强的颜色,但红色代表禁止通行,所以选用黄色。黄色是最纯的颜色,汽车的黄色雾灯可以穿透很厚的浓雾射到很远的地方。

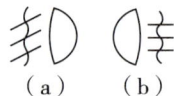

图 6-7-1 雾灯标识
(a)前雾灯;(b)后雾灯

2.用途

雾灯的作用就是在雾天或者雨天能见度受天气影响较大的情况下让其他车辆看见本车,因此雾灯的光源需要有较强的穿透性。一般的车辆用的都是卤素雾灯,比卤素雾灯更高级的是氙气雾灯。雾灯的安装位置只能在保险杠以下、车身最贴近地面的位置,以保证雾灯的作用,如果装的位置过高,灯光根本无法穿透雨雾照亮地面情况(雾气在 1 m 以下一般比较稀薄),容易引起危险。雾灯开关一般分 3 挡:0 挡位为关闭,第 1 挡控制前雾灯,第 2 挡控制后雾灯。开 1 挡时前雾灯工作,开 2 挡时前、后雾灯一起工作。

四、操作方法

图 6-7-2 所示为雾灯开关。有的车辆是通过按键开启前、后雾灯的,即在仪表盘附近有标有雾灯的按键,在开启灯光后,按下前雾灯键,即可点亮前面的雾灯;按下后雾灯键,即可点亮

车后面的雾灯。有的车辆灯光操纵杆在方向盘下或左手边空调下安装了雾灯开启,是通过旋转来开启雾灯的。当把中间标有雾灯信号的旋钮扭到前雾灯位置时即开启前雾灯,再把旋钮向下扭到后雾灯的位置,即同时开启了前、后雾灯。

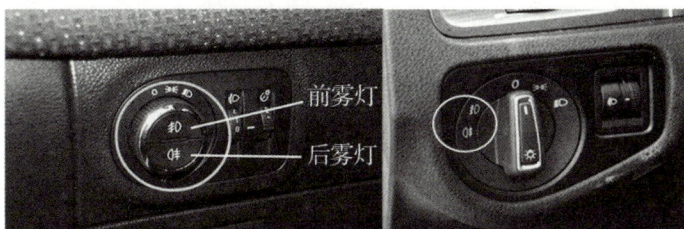

图 6-7-2　雾灯开关

五、雾灯控制电路

前、后雾灯的工作是建立在点火开关打开状态下的,前照灯处于行车灯挡位或近光灯挡位。

1.迈腾雾灯控制电路

图 6-7-3 所示为迈腾雾灯控制电路图。

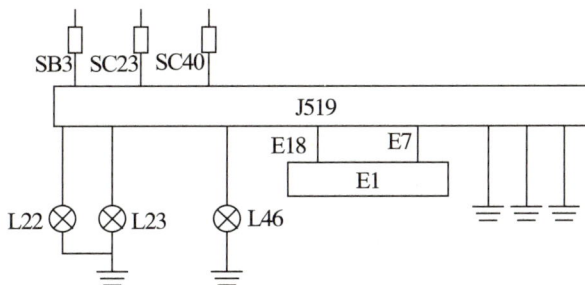

图 6-7-3　迈腾雾灯控制电路图

J519—车载电网控制单元;E7—前雾灯开关;E18—后雾灯开关;

L22—左前雾灯;L23—右前雾灯;L46—后雾灯

前雾灯:E7 开关闭合信号传入 J519 控制单元,控制单元命令前雾灯点亮。

后雾灯:E18 开关闭合信号传入 J519 控制单元,控制单元命令后雾灯点亮。

2.科鲁兹雾灯控制电路

图 6-7-4 所示为科鲁兹雾灯控制电路图。雾灯开关闭合信号传入车身控制模块,车身控制模块控制继电器线圈产生磁力,将继电器开关吸合。

电流走向:

(1)雾灯继电器 85#→雾灯继电器线圈→雾灯继电器 86#→车身控制模块接地。

(2)雾灯继电器 30#→雾灯继电器开关→雾灯继电器

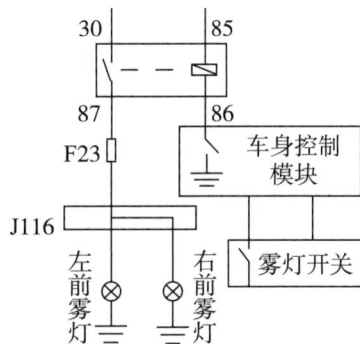

图 6-7-4　科鲁兹雾灯控制电路图

87#→J116→左(右)前雾灯→接地。

3.卡罗拉雾灯控制电路

图6-7-5所示为卡罗拉雾灯控制电路图。雾灯开关闭合信号传入主车身ECU,主车身ECU对T-LP继电器和FR-FOG继电器进行控制。

电流走向:

(1)B+→T-LP继电器2#→T-LP继电器线圈→T-LP继电器1#→主车身ECU接地。

(2)B+→T-LP继电器5#→T-LP继电器开关→T-LP继电器3#→FR-FOG继电器2#→FR-FOG继电器线圈→FR-FOG继电器1#→主车身ECU接地。

(3)B+→FR-FOG继电器5#→FR-FOG继电器开关→FR-FOG继电器3#→左(右)前雾灯→接地。

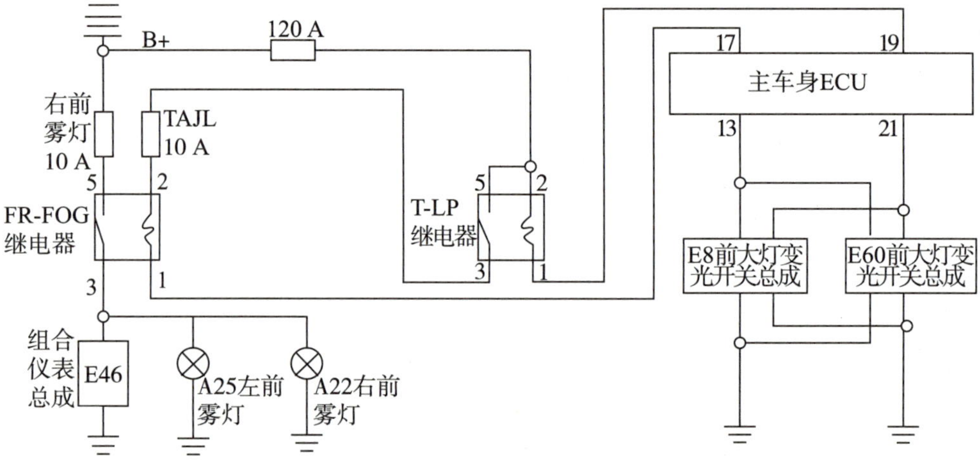

图6-7-5　卡罗拉雾灯控制电路图

任务八　转向灯与危险警告灯

一、转向灯的使用

转向灯是表示汽车动态信息的最主要装置,安装在车身前后,在汽车转弯时开启,它为行车安全提供了保障。按规定使用转向灯,可使人们提前知道汽车的动向,做出正确的判断。

汽车行至一般平面交叉路口,应根据路面宽度、交通流量的大小及当时的行驶速度,在距路口10~30 m的地方,按转弯方向开启转向灯,如向右转弯和向右变更车道,须开启右转向灯,如向左转弯或向左变更车道,须开启左转向灯。转入设有导向车道的路口,应在进入导向车道前开启转向灯。开得过早会给后车"忘关转向灯"的错觉,开得过晚则会造成后车或行人因反应不及时而发生事故。

汽车驶入或驶出环形交叉路口时,应根据行驶方向,开启相应的转向灯。

在车辆行驶中,当本车道交通不畅,需要变更车道时,应通过后视镜观察相邻车道是否空闲,在不妨碍其他车道车辆正常行驶的情况下,应事先开启相应的转向灯,然后再变更车道。

汽车掉头时,应开启左转向灯,并注意观察汽车前、后有无来车,然后再行掉头。

在没有标记道路中心实线的路段,需要超车时,应开启左转向灯并鸣喇叭(在禁鸣路段除外)。如果是被超车,应靠右让行。

当行驶中需要靠边停车时,应事先开启右转向灯,并注意观察汽车右后方交通动态,再行靠边。

当驶离停车地点时,应事先开启左转向灯,并注意观察汽车左后方的交通动态,再驶向行车道。

二、危险警告灯的使用

《中华人民共和国道路交通安全法》第五十二条规定:机动车在道路上发生故障,需要停车排除故障时,驾驶人应当立即开启危险报警闪光灯,将机动车移至不妨碍交通的地方停放;难以移动的,应当持续开启危险报警闪光灯,并在来车方向设置警告标志等措施扩大示警距离,必要时迅速报警。

1.车辆发生故障

在道路行车过程中突遇车辆发生故障,不能及时转移至安全区域时,应立即开启危险报警闪光灯,以提醒过往车辆及行人注意安全,并及时报警,等待救援。

车辆在高速公路上发生故障时,应停在紧急停车带内,及时开启危险报警闪光灯,并在距故障车后方150 m外,设置危险警告标志,并迅速报警,司乘人员应在故障车的前方隔离栏外侧等待救援。

2.牵引故障机动车

在牵引故障机动车时,此时车辆正处于非正常状态,牵引车和被牵引车均应同时开启危险报警闪光灯,提醒过往车辆及行人,特别是后方行驶的车辆注意安全,避免穿插超越后急打方向或没有保持必要的安全距离,引起危险情况。

3.行驶中突遇暴雨

在行驶中突遇暴雨,无论白天还是黑夜,雨特别大又不能停车时,应立即开启危险报警闪光灯,以提醒过往车辆及行人注意安全,引起注意。

4.行驶中发生制动器故障

车辆行驶中发生制动器故障时,因无法将车辆迅速有效地停下,此时应立即开启大灯,同时开启危险报警闪光灯,以提醒过往车辆及行人注意安全,并连续实施鸣号,引起注意,采取必要安全补救措施。

5.车辆接受临时重大公务活动

车辆接受临时重大公务活动时,因接送特殊嘉宾(重要领导、外国友人、资深专家),应开启危险报警闪光灯,以提醒过往车辆及行人注意安全,及时避让。

三、转向灯的分类

汽车上都装有转向灯用以指示车辆的行驶方向。转向灯一般由四个或六个转向信号灯，以及转向指示灯、转向开关、闪光器等组成。当汽车要向左或向右转向时，通过操纵转向开关，使车辆左边或右边的转向灯因闪光器得电而闪烁发光。转向后，回转转向盘，转向盘回位装置可自动使转向开关回位，转向灯熄灭。危险警告信号和转向信号共同使用一套灯具，如遇到危险情况，前、后、左、右转向灯同时发出闪光，作为危险警告信号。

闪光器是发出转向及危险警告信号最重要的组件，下面介绍3种闪光器。

1.带继电器的有触点晶体管式闪光器

带继电器的有触点晶体管式闪光器由一个晶体管的开关电路和一个继电器组成，图6-8-1所示为带继电器的有触点晶体管式闪光器电路。

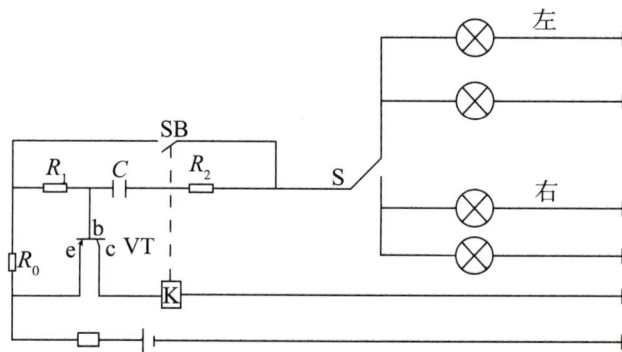

图 6-8-1　带继电器的有触点晶体管式闪光器电路

当汽车向左转弯时，转向开关 S 接通左转向灯，电流便从蓄电池正极→电阻 R_0→触点 SB→转向开关 S→左转向灯→搭铁→蓄电池负极，构成回路，左转向信号灯和指示灯点亮。同时，R_0 上的电压降使晶体管 VT 导通，产生集电极电流。集电极电流经继电器 K 搭铁，继电器 K 的线圈产生电磁吸力使触点 SB 打开。于是，蓄电池向电容器 C 充电，使左转向灯的灯光变暗。随着充电时间的延长，充电电流减小，晶体管 VT 的基极电位提高，偏流减小。当基极电位接近发射极电位时，晶体管 VT 截止，集电极电流消失，触点 SB 又闭合，转向灯又被点亮，同时，电容 C 经 R_2、触点 SB、R_1 打开。

电容器 C 放完电后，晶体管 VT 的基极上又恢复低电位，晶体管 VT 重新导通，集电极电流又经继电器 K 的线圈产生电磁吸力使触点 SB 打开，重复上述过程，使转向灯发出闪光。其闪光频率由电容器 C 的充放电时间常数决定。

2.全晶体管(无触点)式闪光器

图6-8-2所示为全晶体管(无触点)式闪光器电路。此类闪光器是利用电容器充放电延时的特性，控制晶体管 VT_1 的导通和截止来达到闪光的目的的。

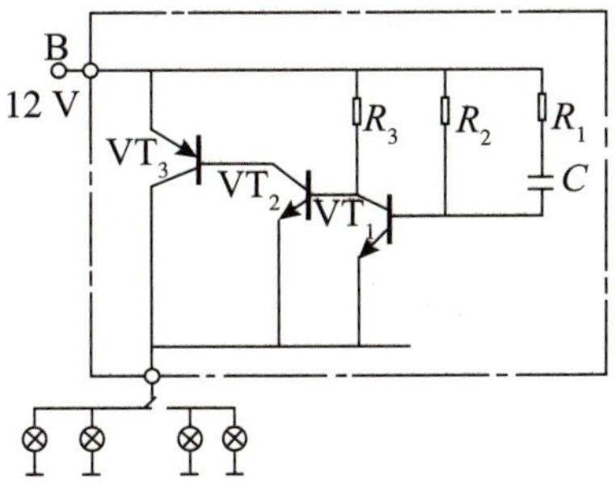

图 6-8-2　全晶体管(无触点)式闪光器电路

3.由集成块和小型继电器组成的有触点集成电路闪光器

集成电路闪光器可用通用集成电路制成,有普通集成电路电子闪光器和专用集成电路电子闪光器两种。

(1)普通集成电路电子闪光器。普通集成电路电子闪光器目前常采用双极时基电路,图 6-8-3所示为 NE555 闪光器电路。

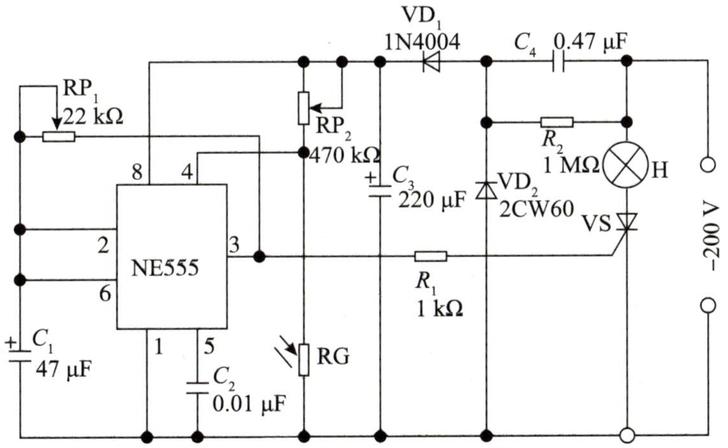

图 6-8-3　NE555 闪光器电路

(2)专用集成电路电子闪光器。上海桑塔纳轿车装用的电子闪光器是一种专用集成电路电子闪光器(由德国西门子公司制造),其电路图如图 6-8-4 所示。

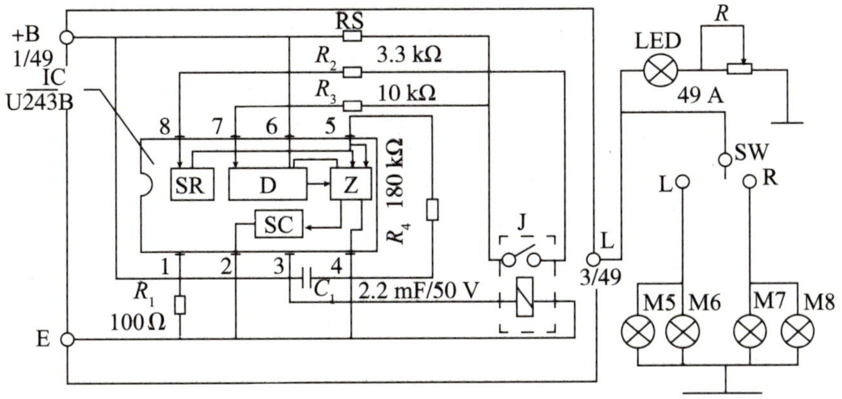

图 6-8-4　专用集成电路电子闪光器电路

现在大部分车辆转向灯与危险警告灯都是由控制单元直接进行控制,不需要闪光继电器,控制单元只要接到转向信号或危险警告信号,就会按一定频率控制转向灯工作。

四、转向灯与危险警告灯控制

危险警告灯在"常火"状态下就可以开启,开启后转向灯同时点亮,而转向灯需要在点火开关打开情况下,开启左侧或右侧转向灯。

1.迈腾危险警告灯与转向灯控制电路

图 6-8-5 所示为迈腾危险警告灯与转向灯控制电路。

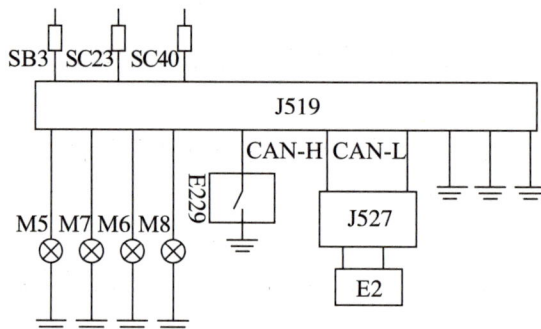

图 6-8-5　迈腾危险警告灯与转向灯控制电路

J527—转向柱装置控制单元;J519—车载电网控制单元;E229—危险警告灯开关;
M5—左前转向灯;M7—右前转向灯;M6—左后转向灯;M8—右后转向灯;E2—转向灯开关

(1)危险警告灯:按下 E229 危险警告灯开关,J519 收到信号,控制危险警告灯点亮。

(2)转向灯:当操作转向灯开关 E2 时,J527 接收转向信号,经过 CAN 总线将信号传递给 J519,J519 命令相应转向灯点亮。

2.科鲁兹危险警告灯与转向灯控制电路

图 6-8-6 所示为科鲁兹危险警告灯与转向灯控制电路。

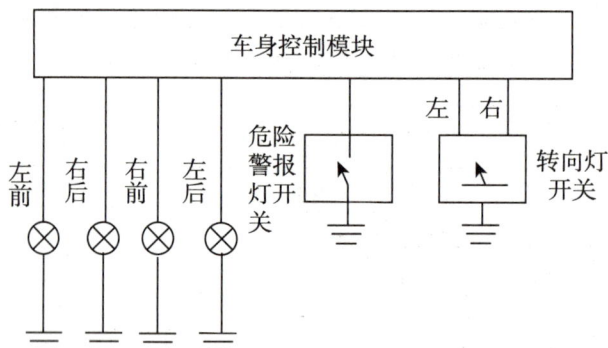

图 6-8-6　科鲁兹危险警告灯与转向灯控制电路

(1)危险警告灯:按下危险警告灯开关,车身控制模块收到信号,控制危险警告灯点亮。

(2)转向灯:当操作转向灯开关时,车身控制模块接收转向信号,控制左侧或右侧转向灯点亮。

3.卡罗拉危险警告灯与转向灯控制电路

图 6-8-7 所示为卡罗拉危险警告灯与转向灯控制电路。

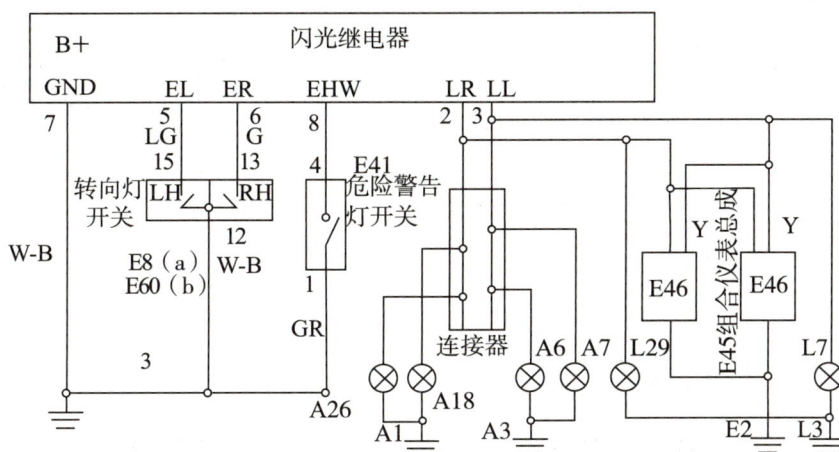

图 6-8-7　卡罗拉危险警告灯与转向灯控制电路

（1）危险警告灯：按下危险警告灯开关，闪光继电器收到信号，控制危险警告灯点亮。

（2）转向灯：当操作转向灯开关时，闪光继电器接收转向信号，控制左侧或右侧转向灯点亮。

任务九　汽车倒车信号系统的组成及工作原理

汽车倒车时，为了警告其他的行人和车辆驾驶员，在汽车的后部常装有倒车灯、倒车蜂鸣器或语音倒车报警器，由装在变速器盖上的倒车开关自动控制。

一、倒车蜂鸣器

倒车蜂鸣器是一种间歇发声的音响装置，图 6-9-1 所示为倒车蜂鸣器电路原理图。其发声部分是一只功率较小的电喇叭，控制电路是一个由无稳态电路和反相器组成的开关电路。

图 6-9-2 所示为倒车蜂鸣器工作过程示意图。当倒车开关接通时，蓄电池电流将流过 L_1，同时也通过线圈 L_2 对电容器进行充电，因流经两线圈的电流产生的磁力方向相反，相互抵消，致使继电器触点保持闭合，则倒车蜂鸣器线圈通电；随着电容端电压的上升，充电电流下降，L_2 的磁力减弱，合磁场加强，将继电器触点吸开，电容通过 L_2 和 L_1 放电，产生的磁场维持触点断开状态，此时，倒车蜂鸣器线圈断电。随着电容器放电电流的减小，线圈磁场吸力渐消，继电器触点再次闭合，倒车蜂鸣器线圈通电。如此循环，使倒车蜂鸣器线圈反复通电、断电，带动膜片振动而发出声音，警示他人。

149

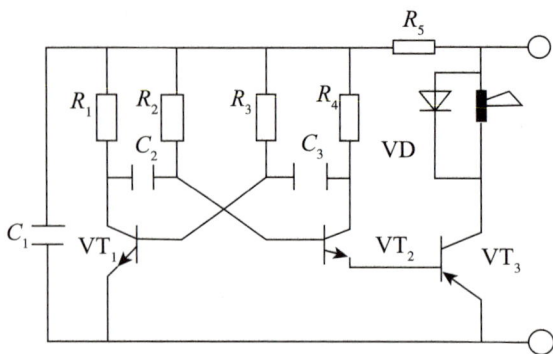

图 6-9-1　倒车蜂鸣器电路原理图

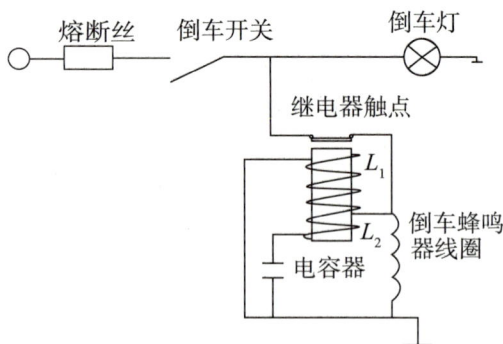

图 6-9-2　倒车蜂鸣器工作过程示意图

二、语音倒车报警器

装有集成电路的语音倒车报警器的汽车倒车时,语音倒车报警器能重复发出"请注意,倒车!"等声音,以此提醒过往行人避开车辆而确保车辆安全倒车。这种语音倒车警报器体积小、价格低廉、声音清晰,已得到广泛使用。

三、倒车雷达装置

倒车雷达装置在倒车时起到辅助警报作用,使倒车更加安全。当驾驶者挂入倒挡后,倒车雷达侦测器进行自我检测。当自我检测通过后,就开始检测汽车后部障碍物,并及时发出警报声,以提醒驾驶者注意。

倒车雷达装置由倒车雷达侦测器、控制器、蜂鸣器等组成。倒车雷达侦测器安装在车辆后部保险杠上,如图 6-9-3 所示。它向汽车后部发射超声波,并接收反射回来的超声波。控制器接收从侦测器传来的信号,经计算判断出障碍物距尾部的距离。如果达到警报位置,就传送信号给蜂鸣器。

倒车雷达侦测器

图 6-9-3　倒车雷达侦测器位置图

倒车雷达装置利用声呐原理进行工作。当发射的超声波遇到障碍物时,会有反射波产生,被传感器接收后,控制器就会利用发射波计算出障碍物与雷达发射器之间的距离,并据此采取相应的报警提示。

四、倒车灯控制电路

倒车灯信号是由变速箱挡位开关或选挡开关产生的,经过灯光控制单元传入其他控制单元对灯光进行控制。

1.迈腾倒车灯控制电路

图 6-9-4 所示为迈腾倒车灯控制电路。选挡开关 E313 产生倒挡信号经过 CAN 总线传入 J519,控制倒车灯点亮。

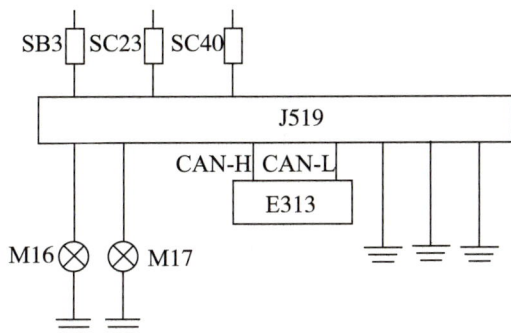

图 6-9-4　迈腾倒车灯控制电路

2.科鲁兹倒车灯控制电路

图 6-9-5 所示为科鲁兹倒车灯控制电路。倒车灯开关信号传入发动机控制模块经过 CAN 总线传入车身控制模块,控制倒车灯点亮。

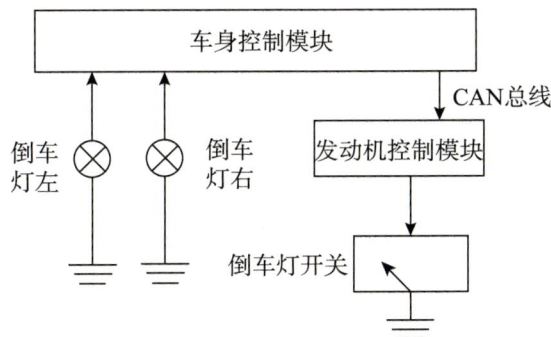

图 6-9-5　科鲁兹倒车灯控制电路

3.卡罗拉倒车灯控制电路

图 6-9-6 所示为卡罗拉倒车灯控制电路。

(1)M/T:蓄电池→M/T 倒车灯开关→右后灯总成(倒车灯)→接地。

(2)A/T:蓄电池→驻车挡/空挡位置开关总成→右后灯总成(倒车灯)→接地。

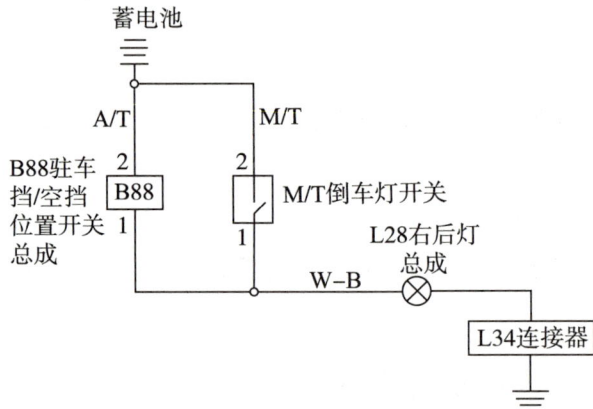

图 6-9-6　卡罗拉倒车灯控制电路

任务十　制动灯介绍及控制

一、制动灯介绍

制动灯,一般安装在车辆尾部,主体颜色为红色,以便后面行驶的车辆易于发现前方车辆刹车,起到防止追尾事故发生的目的。简单的车型就是电源通过保险,然后到制动开关,踩下制动踏板进行制动时,开关连通,电流被送到两个制动灯和一个高位制动灯,通过负线与车体连接构成回路。

制动灯一般有两种类型:一种是安装在车尾两端的制动灯,另一种是安装在车尾上部的高位制动灯。根据制作材料的不同,制动灯可分为气体制动灯与 LED 制动灯。

气体制动灯使用的材料为气体,如卤素。气体制动灯技术成熟、价格低,但会产生辐射,里面含有汞,外壳是玻璃做成的,容易破碎,导致环境污染。

LED 制动灯使用的是 LED。由 LED 做成的制动灯无辐射、无污染、使用寿命长,理论上可达 6 万小时,也就是说,在汽车报废前不用更换灯泡了。但是,LED 制动灯的价格较贵,所以对它的普及使用形成了一定的影响。在发达国家,LED 制动灯已被大量使用,在国内,近两年的发展也开始加快。

二、制动灯控制

1.迈腾制动灯控制

图 6-10-1 所示为迈腾制动灯控制电路。

当驾驶员踩下制动踏板时,制动灯开关 F 产生信号,J519 接收制动信号控制制动灯点亮。

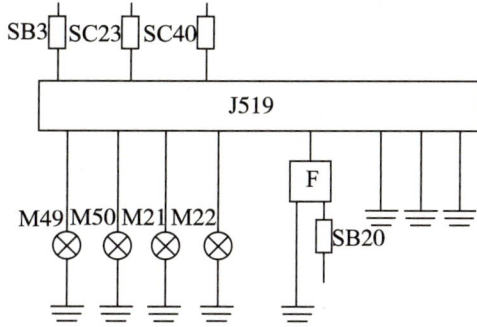

图 6-10-1 迈腾制动灯控制电路

F—制动灯开关；J519—车载电网控制单元；M49、M50、M21、M22—制动灯

2.卡罗拉制动灯控制

图 6-10-2 所示为卡罗拉制动灯控制电路。

电流走向：蓄电池→制动灯开关总成→连接器→各个制动灯→接地。

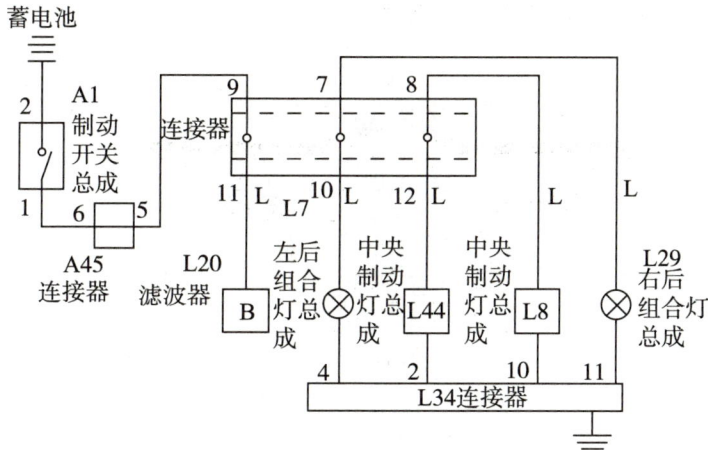

图 6-10-2 卡罗拉制动灯控制电路

3.科鲁兹制动灯控制

图 6-10-3 所示为科鲁兹制动灯控制电路。

制动灯开关闭合信号送到 ABS 控制模块，ABS 控制模块将信号经过 CAN 总线送到车身控制模块，车身控制模块控制制动灯点亮。

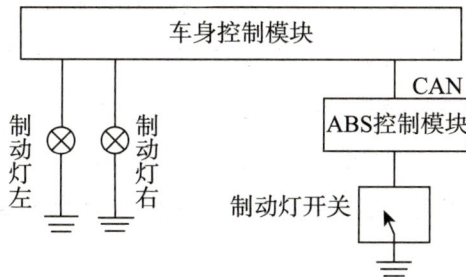

图 6-10-3 科鲁兹制动灯控制电路

153

任务十一　汽车喇叭的结构、工作原理及控制电路

一、喇叭的结构与工作原理

1.机械触点式电喇叭

电喇叭由振动机构和电路断续机构两个部分组成,按外形不同可分为筒形、螺旋形和盆形。由于盆形电喇叭具有尺寸小、质量轻、指向性好等特点,因此被现代汽车普遍采用。图6-11-1所示为盆形电喇叭结构图。其工作原理如下:当按下喇叭按钮10时,进入喇叭的电流由蓄电池正极→线圈2→触点7→喇叭按钮10→搭铁→蓄电池负极。线圈2通电后产生电磁吸力,吸动上铁芯3及衔铁6下移,使膜片4向下拱曲,衔铁6下移中将触点7顶开,线圈2电路被切断,其电磁力消失,上铁芯3、衔铁6在膜片4弹力的作用下复位,触点7闭合。如此反复一通一断,使膜片及共鸣板连续振动发声。

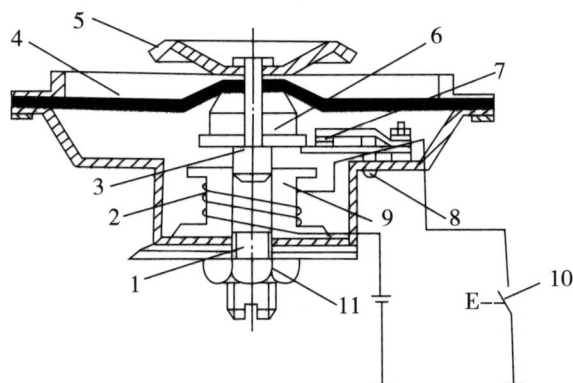

图6-11-1　盆形电喇叭结构图

1—下铁芯;2—线圈;3—上铁芯;4—膜片;5—共鸣板;6—衔铁;

7—触点;8—调整螺钉;9—铁芯;10—喇叭按钮;11—锁紧螺母

2.电子式电喇叭

图6-11-2所示为电子式电喇叭结构图,图6-11-3所示为电子式电喇叭原理图。

当喇叭电路接通电源后,由于晶体管VT加正向偏压而导通,线圈中便有电流通过,产生电磁力,吸引上衔铁,连同绝缘膜片和共鸣盘一起动作,当上衔铁与下衔铁接触而直接搭铁时,晶体管VT失去偏置电压而截止,切断线圈中的电流,电磁力消失,膜片与共鸣盘在弹力作用下复位,上、下衔铁又恢复为断开状态,晶体管VT重新导通,如此周而复始地动作,膜片不断振动便发出响声。

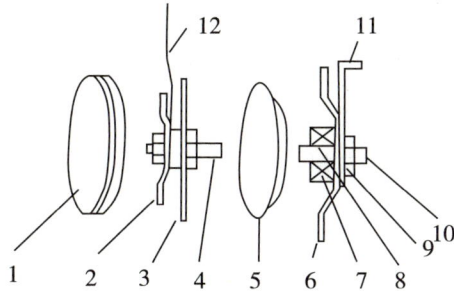

图 6-11-2　电子式电喇叭结构图

1—罩盖；2—共鸣盘；3—绝缘膜片；4—上衔铁；5—绝缘垫圈；6—喇叭体；

7—线圈；8—下衔铁；9—锁紧螺母；10—调节螺钉；11—托架；12—导线

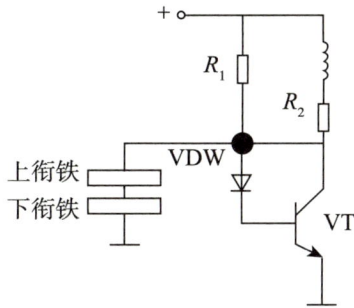

图 6-11-3　电子式电喇叭原理图

3.喇叭继电器

为了得到更加悦耳的声音，在汽车上常装有两个不同音调（高、低音）的喇叭。其中，高音喇叭膜片厚、扬声简短，低音喇叭则相反。有时甚至用三个不同音调（高、中、低音）的喇叭。

装用单只喇叭时，喇叭电流是直接由按钮控制的，按钮大多装在转向盘的中心。

当汽车装用双喇叭时，因为消耗电流较大（15～20 A），用按钮直接控制时，按钮容易烧坏。为了避免这个缺点，采用喇叭继电器，图 6-11-4 所示为采用继电器的电喇叭示意图。

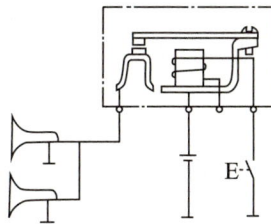

图 6-11-4　采用继电器的电喇叭示意图

4.电喇叭的调整

（1）喇叭音调的调整。减小衔铁与铁芯之间的间隙，可以提高音调；反之，增大间隙，则音调降低。调整时铁芯要平整,铁芯与衔铁四周的间隙要均匀,否则会产生杂音。

(2)喇叭音量的调整。电喇叭音量的大小与通过喇叭线圈中的电流大小有关。需增大音量时,应使触点的压力增大。由于触点的电阻减小,触点闭合的时间增长,通过线圈的电流增大,所以音量也相应增大;反之,喇叭音量就减小。

此外,喇叭触点应保持清洁。

喇叭的固定方法对其发音影响极大。为了使喇叭的声音正常,喇叭不能做刚性的装接,而应固定在缓冲支架上,即在喇叭与固定支架之间装有片状弹簧或橡皮垫。

二、喇叭控制电路

1.迈腾喇叭控制电路

图 6-11-5 所示为迈腾喇叭控制电路。当驾驶员按下喇叭按钮时,喇叭开关 H 闭合,向 J527 提供喇叭信号,J527 经过 CAN 总线将喇叭信号传入 J519。

电流走向:

(1)SB3→喇叭继电器 86#→喇叭继电器线圈→喇叭继电器 85#→J519,经过 J519 控制接地。

(2)SB3→喇叭继电器 30#→喇叭继电器开关→喇叭继电器 87#→喇叭→接地。

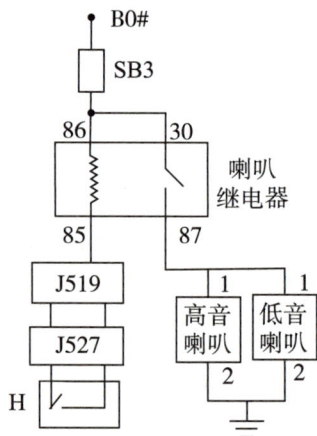

图 6-11-5 迈腾喇叭控制电路

2.科鲁兹喇叭控制电路

图 6-11-6 所示为科鲁兹喇叭控制电路。当驾驶员按下喇叭按钮时,喇叭开关向车身控制模块提供喇叭信号,车身控制模块控制X5/19接地。

电流走向:

(1)B+→喇叭继电器 30#→喇叭继电器线圈→喇叭继电器 87#→车身控制模块 X5/19,经过车身控制模块控制接地。

(2)B+→喇叭继电器 85#→喇叭继电器开关→喇叭继电器 86#→喇叭→接地。

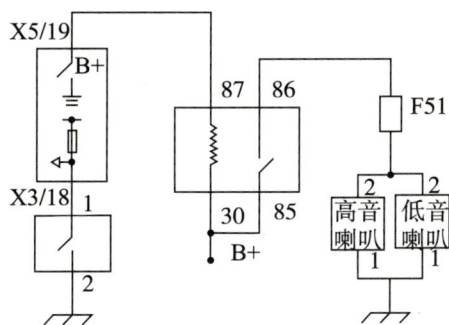

图 6-11-6　科鲁兹喇叭控制电路

3.卡罗拉喇叭控制电路

图 6-11-7 所示为卡罗拉喇叭控制电路。当驾驶员按下喇叭按钮时,喇叭开关闭合。

电流走向:

(1)B+→S→喇叭继电器 1#→喇叭继电器线圈→喇叭继电器 2#→喇叭开关 1#→喇叭开关→喇叭开关 2#→接地。

(2)B+→S→喇叭继电器 3#→喇叭继电器开关→喇叭继电器 5#→喇叭→接地。

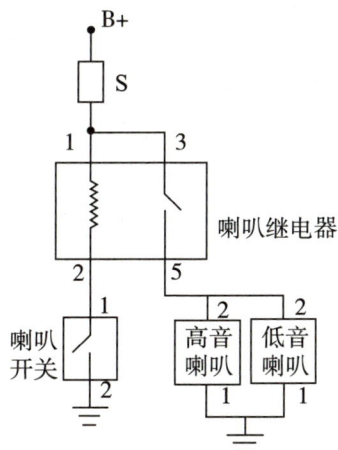

图 6-11-7　卡罗拉喇叭控制电路

项目七

汽车辅助装置

学思课堂

　　郑志明,中共党员,高级技师,柳州五菱汽车有限责任公司钳工。郑志明参与设计与制造后桥调直液压专用机床的项目,改进后只用 3 个人就能完成超过 4 个人的工作任务,而且产能由原来的 600 台/天提升至 1 100 台/天。他参与设计改造数控镗孔专用机床,通过改造夹具,成功地把 2 道工序合并成 1 道工序,合并工序后不但减少了轴承座工段的 1 个人工成本,而且减少了 1 台专用镗床所用的维修费及电、气、油等消耗的费用。他参与 111 轴承座专机流水线改造为 N1 轴承座专机流水线的改造工作,使 6 台加工 111 轴承座的专机变成了加工 N1 轴承座的专用机床,改造后的产能由原来的 550 台/天提升至 960 台/天。他参与后桥异响和噪声改进项目,担任项目的主要攻关负责人,在项目实施过程中设计并且自行制造出噪声检测设备,压装减速器压装工装,把原来的手工锤装方式改为工装压装的方式,成功把五菱汽车开始生产以来出现的异响问题 100% 的解决。他先后荣获广西省"五一"劳动奖章和"全国技术能手"等称号。

思维导图

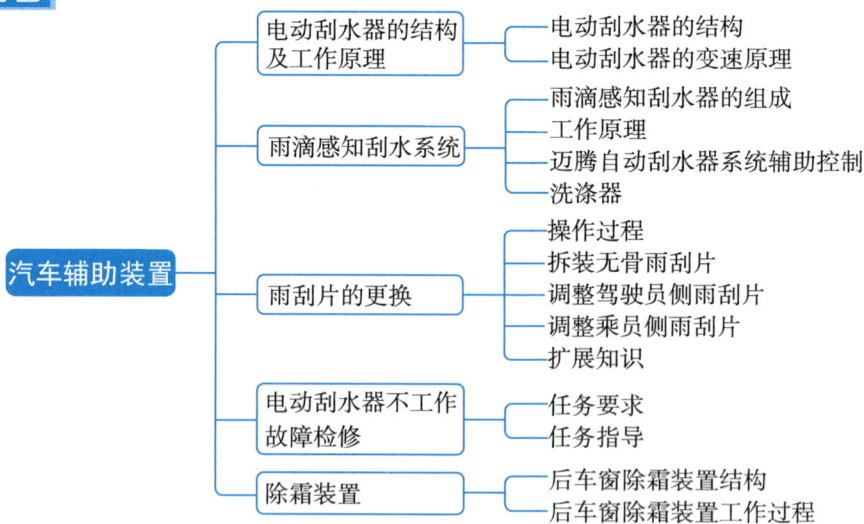

```
                        ┌─ 电动刮水器的结构 ── ┬─ 电动刮水器的结构
                        │   及工作原理         └─ 电动刮水器的变速原理
                        │
                        ├─ 雨滴感知刮水系统 ── ┬─ 雨滴感知刮水器的组成
                        │                      ├─ 工作原理
                        │                      ├─ 迈腾自动刮水器系统辅助控制
                        │                      └─ 洗涤器
                        │
                        │                      ┌─ 操作过程
 汽车辅助装置 ──────────┼─ 雨刮片的更换 ────── ├─ 拆装无骨雨刮片
                        │                      ├─ 调整驾驶员侧雨刮片
                        │                      ├─ 调整乘员侧雨刮片
                        │                      └─ 扩展知识
                        │
                        ├─ 电动刮水器不工作 ── ┬─ 任务要求
                        │   故障检修           └─ 任务指导
                        │
                        └─ 除霜装置 ────────── ┬─ 后车窗除霜装置结构
                                               └─ 后车窗除霜装置工作过程
```

掌握汽车风窗清洁装置结构与工作原理。

(1)能够拆装汽车风窗清洁装置；
(2)能够诊断与排除风窗清洁装置故障。

汽车风窗清洁装置常出现的故障是刮水器不工作故障、喷水泵不喷水故障、风窗除霜装置不工作故障。通过本项目的学习,使学生能够掌握上述装置的工作原理并排除故障。

任务一 电动刮水器的结构及工作原理

一、电动刮水器的结构

刮水器用来清除车窗上的雨水、雪或尘土,以确保驾驶人员良好的视线。刮水器有前车窗刮水器和后车窗刮水器之分。因驱动装置不同,刮水器有真空式、气动式和电动式3种。目前,汽车上广泛使用的是电动刮水器。电动刮水器由直流电动机和一套传动机构组成,如图7-1-1所示。电动机旋转经减速和联动机构的作用变成刮水器的摆动。

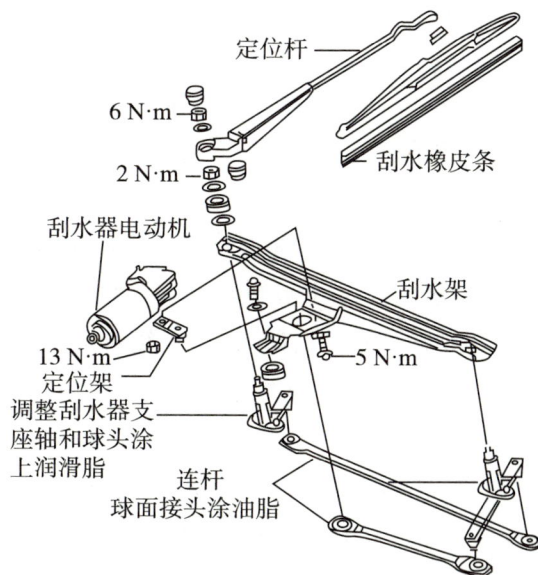

图 7-1-1 电动刮水器结构图

159

二、电动刮水器的变速原理

电动刮水器的变速是利用直流电动机变速来实现的。由直流电动机电压平衡方程式可得转速公式为

$$n = (U - IR) / (KZ\varphi)$$

式中：U 为电动机端电压；I 为通过电枢绕组的电流；R 为电枢绕组的电阻；K 为常数；Z 为正负电刷间串联的绕组（导体）数；φ 为磁极磁通。

在电压 U 和直流电动机定型的条件下，即 I、R、K 均为常数，当磁极磁通增大时，转速 n 下降，反之转速上升。若两电刷之间的电枢绕组（导体）数 Z 增多，则转速 n 也下降，反之则上升。因此，刮水器的变速是在直流电动机变速的理论基础上，采取改变电动机磁极磁通的强弱，或者改变两电刷之间的绕组（导体）数来实现的。

1.改变磁通变速

采用改变电动机磁极磁通变速的方法，只适合于绕线式直流电动机。图 7-1-2 所示为绕线式电动刮水器变速调节原理图。

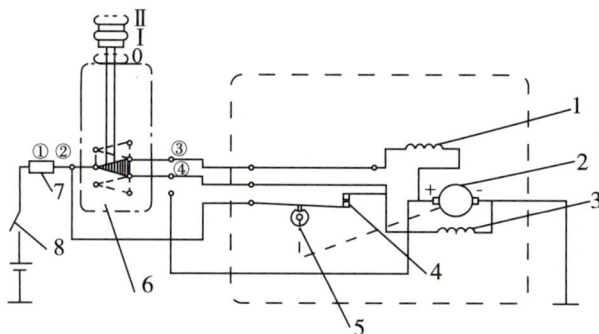

图 7-1-2　绕线式电动刮水器变速调节原理图

1—串励绕组；2—电枢；3—并励绕组；4—触点；5—凸轮；6—刮水电机；7—熔断器；8—电源开关

当刮水器开关在 Ⅰ 挡位置（低速）时，电流由蓄电池正极经电源开关→熔断器→接线柱→接触片，然后分两路：一路通过接线柱③→串励绕组 1→蓄电池负极形成回路，另一路通过接线柱④→并励绕组 3→蓄电池负极形成回路。此时，在串励绕组 1 和并励绕组 3 的共同作用下，磁场增强，电动机以低速运转。

2.改变电刷间的绕组（导体）数变速

改变电刷间的绕组（导体）数变速的方法只能通过永磁电动机（三刷永磁式直流电动机）来实现，它的磁极为铁氧体永久磁铁，具有不易退磁的优点，能够实现高、低转速。图 7-1-3 所示为永磁电动机变速原理。

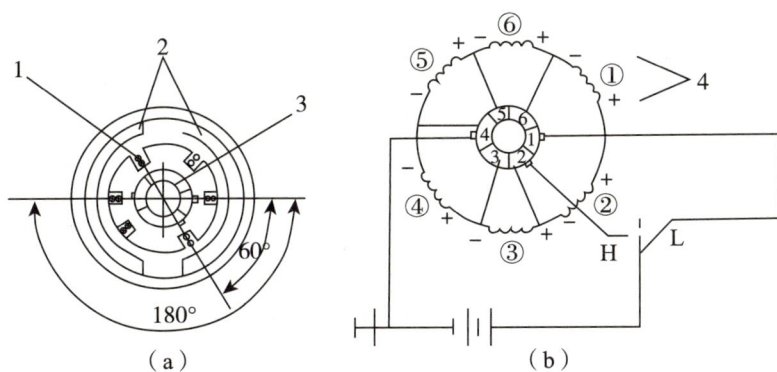

图 7-1-3　永磁电动机变速原理

1—电枢绕组;2—永久磁铁;3—换向器;4—反电动势

当电动机工作时,在电枢内同时产生反电动势,其方向与电枢电流的方向相反。若使用电枢旋转,外加电压 U 必须克服反电动势的作用。当电枢的转速上升时,反电动势也相应上升,只有当外加电压 U 几乎等于反电动势时,电枢才趋于稳定。

当开关拨向 L 时,电源电压 U 加在图 7-1-3(a)所示 1 和 3 之间,由于①⑥⑤和②③④组成两条并联支路,支路中串联的线圈(导体)均为有效线圈,串联线圈(导体)数相对较多(每条支路串联 3 组绕组),故反电动势较大,电动机以较低转速旋转。

当开关拨向 H 时,电源电压 U 加在图 7-1-3(a)所示 2 和 3 之间,由于线圈①和线圈②产生方向相反的电动势,互相抵消,组成的两条并联支路中串联线圈(导体)数相对较少(每条支路串联 2 组绕组),故反电动势较小,电动机以较高转速旋转。

3.电动刮水器的自动复位装置

汽车上装用的电动刮水器都设有自动复位装置。所谓自动复位,就是在切断刮水器开关时,刮水片能自动停在驾驶人员视野以外的指定位置。

图 7-1-2 中触点 4 及凸轮 5 就是绕线式电动刮水器的自动复位装置。凸轮与电枢轴联动,触点由凸轮控制。如果断开刮水器开关时,刮水片没有停在指定位置,凸轮会继续将触点顶在闭合位置,电动机则继续转动;只有当刮水片停在指定位置时,凸轮的凹处把触点断开,电动机才停转。

图 7-1-4 所示为复位控制电路。当刮水器开关推到 0 挡时,如果刮水片没有停在规定的位置,由于触点 6 与铜环 9 接触,则电流继续流入电枢。电流由蓄电池正极→电源总开关 1→熔断器 2→电动机电刷 B_3→电枢绕组→电动机电刷 B_1→刮水器开关接线柱→触点臂 5→触点 6→铜环 9→蓄电池负极构成回路,电动机以低速运转,直至涡轮 8 转到图 7-1-4(a)所示的位置时,触点 6 通过铜环 7 与触点 4 连通,将电动机电枢绕组短路。与此同时,电动机因惯性不能立即停转,以发电机方式运行,产生很大的反电动势,产生制动力矩,电动机迅速停转,使刮水片停在指定位置。

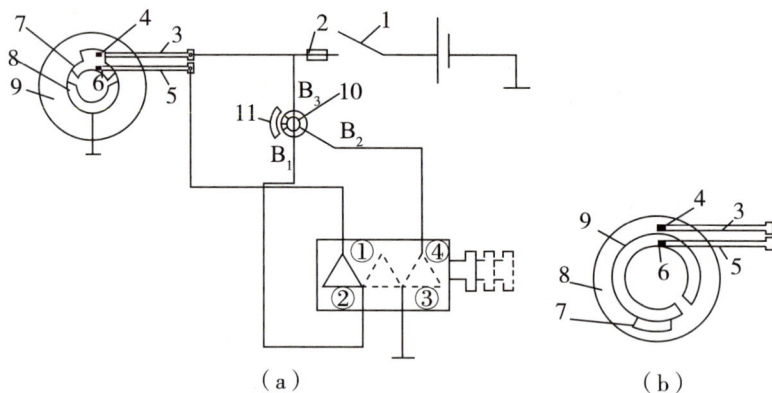

图 7-1-4　复位控制电路

(a)工作电路;(b)复位原理

1—电源总开关;2—熔断器;3、5—触点臂;4、6—触点;

7、9—铜环;8—蜗轮;10—电枢;11—永久磁铁

4.电动刮水器的间歇控制

电动刮水器间歇控制的作用:在与洗涤器配合使用时,可以达到先洗后刮的循环刮洗工序,以提高刮洗效果。

电动刮水器的间歇控制按其间歇时间能否调节可分为可调式和不可调试。

下面以无稳态方波发生器控制的间歇刮水器为例介绍其工作过程。图 7-1-5 所示为晶体管控制电路,由 VT_1、VT_2 组成无稳态多谐振器。R_1、C_1 决定 K 的通电吸合时间,R_2、C_2 决定 K 的断电时间。当刮水器开关处在 0 挡时,刮水器电动机电枢被电刷 B_3 与 B_1、继电器的动断触点和自动开关短路,电动机不工作。此时,若接通间歇开关,则 VT_1 导通,VT_2 截止,K 通电使动合触点闭合,刮水器以低速运转。当 C_1 充电到一定值后,VT_2 导通,VT_1 迅速截止,K 断电,动断触点闭合,电动刮水器自动复位后停止工作。当 C_2 充电到 VT_1 导通电压时,VT_1 导通,VT_2 截止,K 动作,动合触点闭合,重复上述过程。

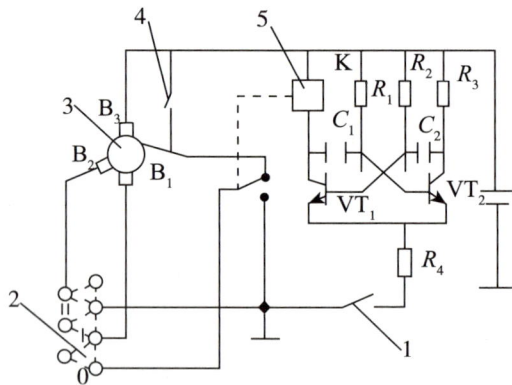

图 7-1-5　晶体管控制电路

1—间歇刮水开关;2—刮水器开关;3—刮水器电动机;4—自停开关;5—继电器

任务二　雨滴感知刮水系统

电动刮水器虽然能够实现间歇控制,但不能随雨量的变化及时调整刮水器的刮水频率。雨滴感知型刮水器则能根据雨量的大小自动调节刮水器频率,使驾驶人员始终保持良好的视线。

一、雨滴感知刮水器的组成

雨滴感知刮水器主要由雨滴传感器、间歇刮水放大器和刮水器电动机组成,如图7-2-1所示。雨滴传感器的作用是将雨滴的大小转变为与之相对应的电信号。图7-2-2所示为雨滴传感器结构图。

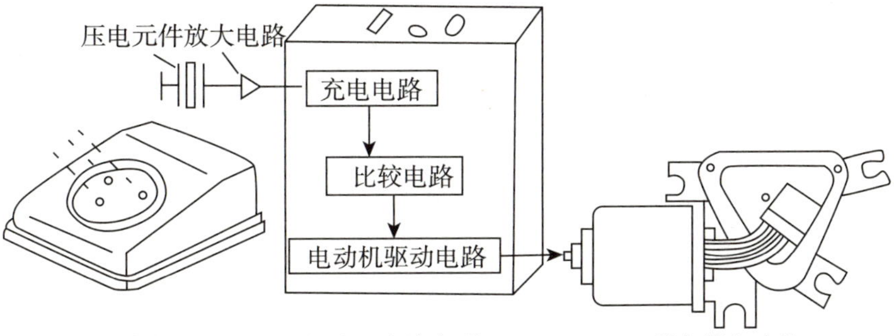

图 7-2-1　雨滴感知刮水器

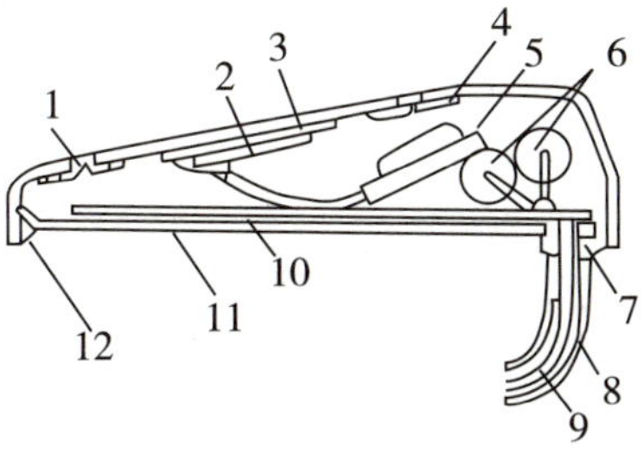

图 7-2-2　雨滴传感器结构图

1—橡胶垫;2—压电元件;3—振动片;4—上盒盖;5—集成电路块;
6—电容器;7—衬垫;8—线束套筒;9—线束;10—电路基板;11—下盒盖;12—密封件

二、工作原理

图7-2-3所示为雨滴感知刮水器控制系统原理框图。工作时,由于雨滴下落撞击到传感器的振动片3上,振动片3将振动能量传给压电元件2。压电元件受压而产生电压信号,电压值与撞击振动片上的雨滴的撞击能量成正比。电压信号经过放大后送入间歇刮水放大电路,对放大器的充电电路(电容)进行20 s的定时充电,电容电压上升。该电压输入比较电路,比较

电路将其与基准电压 U_0 比较。当电容电压达到 U_0 时,比较电路开始对刮水器电动机发出信号,使其工作一次。雨量大时,压电元件产生的电信号强,充电电路电压达到基准电压值 U_0 所需时间就短,刮水器的工作间歇时间就短;反之,雨量小时,压电元件产生的电压小,充电电路电压达到基准电压 U_0 所需时间就长,刮水器的工作间歇时间就长。当雨量很小,雨滴传感器没有电压信号输出时,只有定电流电路对充电电路进行充电,20 s 后充电电路的输出电压达到基准电压 U_0,刮水器动作一次。这样,雨滴感知刮水器使刮水器的间歇时间控制在 0~20 s 范围内,以适应不同雨量的需要。

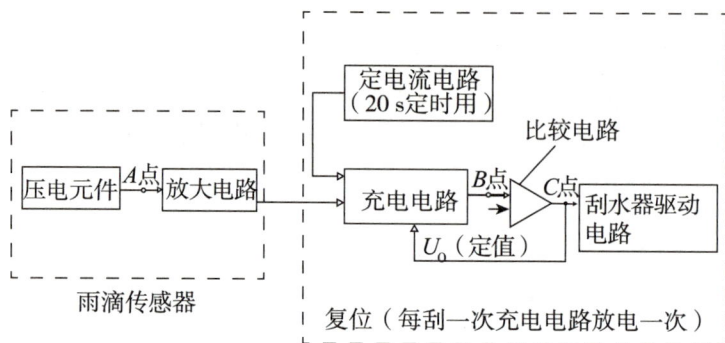

图 7-2-3　雨滴感知刮水器控制系统原理框图

三、迈腾自动刮水器系统辅助控制

图 7-2-4 所示为迈腾自动刮水器系统辅助控制示意图,刮水器除了具有正常的自动刮水功能外,还有以下功能:在车辆停止时,当打开发动机舱盖后,刮水器的功能将被禁止。当发动机舱盖被打开,车速在 2~16 km/h 时,刮水器的功能同样被禁止,但当再次拨动刮水器开关后,功能将被激活。当车速大于 16 km/h 时,尽管发动机舱盖被打开,刮水器仍会保持工作状态不受影响。

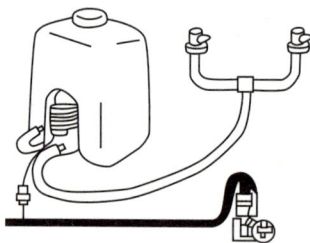

图 7-2-4　迈腾自动刮水器系统辅助控制示意图

四、洗涤器

为了更好地清除附在车窗玻璃上的污物,在汽车上增设了车窗玻璃洗涤器,与刮水器配合工作,保证驾驶人员有良好的视线。车窗玻璃洗涤器由洗涤液罐、洗涤液泵、软管、三通、喷嘴及刮水器开关组成。图 7-2-5 所示为洗涤系统框架图。

洗涤液泵由永磁直流电动机和离心式叶片泵组成,喷射压力约为 70~88 kPa,喷嘴安装在车窗玻璃的合适位置。洗涤液泵连续工作的时间一般不超过 1 min,使用时应先开洗涤液泵,后开刮水器。在喷水停止后,刮水器应继续刮 2~5 次,这样配合使用才能达到良好的洗涤效果。因此,洗涤器的电路一般和刮水器开关电路联合工作。

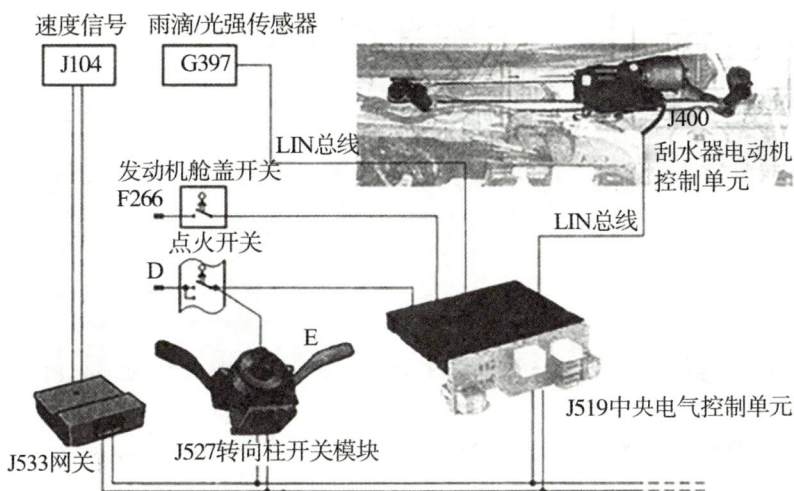

图 7-2-5　洗涤系统框架图

任务三　雨刮片的更换

一、操作过程

雨刮片的更换步骤如下:

(1)拆卸旧雨刮片。

(2)安装新雨刮片。

(3)调整雨刮片刮水范围。

在点火开关关闭后 10 s 内,将车窗玻璃刮水器操纵杆运行到点动刮水位置(向下拨动雨刮操纵杆至图 7-3-1 中位置 4),则激活保养位置(见图 7-3-2)。

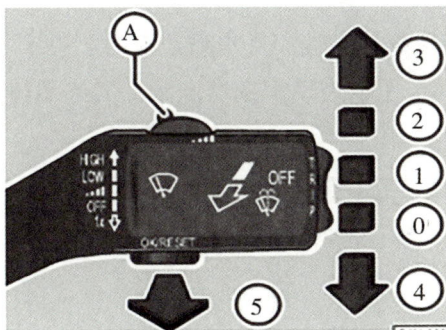

图 7-3-1　保养位置操作

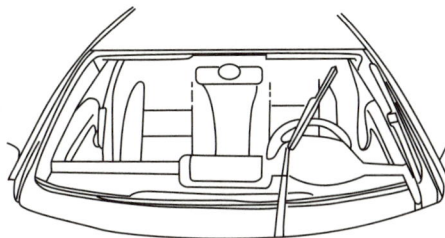

图 7-3-2　保养位置

二、拆装无骨雨刮片

(1)拆卸无骨雨刮片(见图7-3-3)。

1)向上翻起刮水臂。

2)按下按键1,并将雨刮片定位件3从雨刮片2中拉至限位位置。

3)摇动雨刮片,并沿箭头方向从雨刮片2中拔下雨刮片定位件3。在从挡风玻璃上取下雨刮片时,只可以抓住雨刮片定位件区域。

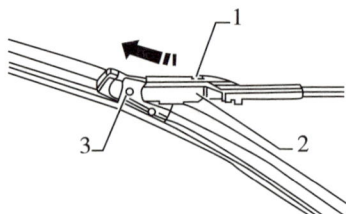

(2)安装无骨雨刮片。将雨刮片定位件3推入雨刮片2中,直至限位位置。按键1应"卡止"在雨刮片2中。装配时,不要混淆驾驶员侧和副驾驶员侧的雨刮片。

图 7-3-3　无骨雨刮片

三、调整驾驶员侧雨刮片

调整驾驶员侧雨刮片如图7-3-4所示。刮水器橡胶尖端和挡风玻璃下边缘之间的距离 A 一般为 39 mm。必要时,通过错开雨刮器来调节车窗玻璃雨刮器刮水片的终端停止位置。用规定的拧紧力矩拧紧紧固螺母。

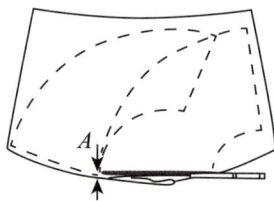

图 7-3-4　调整驾驶员侧雨刮片

四、调整乘员侧雨刮片

调整乘员侧雨刮片如图7-3-5所示。刮水器橡胶片尖端和排水槽盖板的上边缘之间的距离 B 一般为 14 mm。必要时,通过错开雨刮器来调节车窗玻璃雨刮器刮水片的终端停止位置。用规定的拧紧力矩拧紧紧固螺母。

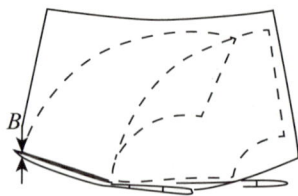

图 7-3-5　调整乘员侧雨刮片

五、扩展知识

智能雨刮器具有防止功能、随速功能。

（1）防止功能：当雨刮在摆动过程中遇到障碍物或冻结在挡风玻璃上时，雨刮控制单元会进行 5 次推动尝试，如果失败，雨刮片会停在该位置不动。清除障碍后，再次拨动雨刮开关，系统会继续工作。

（2）随速功能：当雨刮开关置于间歇挡位时，会随车速的增加而缩短间歇刮水时间。

任务四　电动刮水器不工作故障检修

一、任务要求

（1）通过本任务的实施，能够对车窗清洁装置进行检修。

（2）本任务应具备完成任务的车辆和该车辆的电路图等资料。

（3）实训设备及仪器：V.A.G1551/V.A.G1552、VAS5051/VAS5052 等诊断仪。

二、任务指导

电动刮水器和清洗器的常见故障有电动刮水器不工作或动作迟缓无力、不能复位，清洗器系统不工作或喷射压力过低，等。

1.电动刮水器不工作故障检修

先从刮水器电动机上拆下机械传动装置，打开刮水器开关后，如电动机不能正常运行，说明是电动机或控制电路有故障，如电动机运行正常，则说明是机械故障。

对于电动刮水器不工作故障，先观察其故障现象是某一个速度挡不工作，还是所有挡位均不工作。如果仅是某一速度挡不工作，通常是电气方面故障，需结合该刮水器的电气原理图，确定其不工作的原因。如果是所有挡位均不工作，一般先检查是否有外来机械物品妨碍刮水器机械传动机构的动作。可接通刮水器开关，若电动机微微振动或发热，则可能是刮水片、传动机构、减速机构或电动机转子卡住。此时应根据具体情况排除异物，或者更换局部机构零件，重新安装并调整刮水器，并加以润滑。若排除了上述故障可能，则应检查刮水器控制电路。如前述各项完好，则故障可能在电动机上。

2.清洗器不工作故障检修

发现清洗器不工作时，可先检查电源电压是否过低、清洗泵电动机接线是否良好、搭铁是否可靠。若有故障，予以排除，然后接通清洗泵开关，用手触摸电动机外壳，若电动机无反应，则说明清洗泵电动机有故障，进一步拆检电动机。若电动机正常，应检查储液罐有无清洗液、输液管及喷嘴是否堵塞或泄漏等。查清故障后,根据相应的故障进行处理,若是管道破裂,则应换上相同规格的输液管;若是喷嘴和三通阻塞,则可用细钢丝疏通;若是滤网堵塞,则应拆下清洗;若是清洗液喷射位置不合要求,则应对喷嘴位置进行调整;若是电动机损坏,则应更换。

任务五　除霜装置

冬季车窗玻璃上易结冰霜,用刮水器是无法消除的,除霜雾有效的方法是加热玻璃。前车窗玻璃和侧车窗玻璃可利用暖风进行除霜;后车窗玻璃一般利用电阻丝组成的电栅加热除霜,即电热式除霜,原理图如图7-5-1所示。

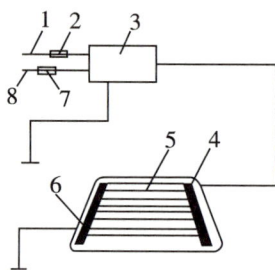

图 7-5-1　电热式除霜原理图

1、8—导线;2、7—保险丝;3—继电器;4—供电端;5—加热丝;6—搭铁端

一、后车窗除霜装置结构

后车窗玻璃除霜器一般是在玻璃成型过程中,将很细的电阻丝烧结在玻璃表面。它由一组平行的含银陶瓷电阻丝组成,在玻璃两侧有汇流条,各焊有一个接线柱,其中一个用以供电,另一个是搭铁接线柱。这种除霜器的工作电流较大,因此电路中除设有开关外,有的还设有一个定时继电器。这种继电器在通电10 min后即能自动断电,如霜还没有除净,驾驶人员可再次接通开关,但在这之后每次只能通电5 min。

除霜器的电阻随温度的变化而变化,具有正温度系数。温度低时,阻值减小,电流增大;温度高时,阻值增大,电流减小。因此,除霜器自身具有一定的调节功能。对电阻丝通电的控制方式可分为手动和自动两种。自动控制除霜装置由开关、自动除霜传感器、自动除霜控制器、电阻丝等组成。

二、后车窗除霜装置工作过程

图 7-5-2 所示为后车窗自动控制除霜装置原理图。

（1）除霜开关位于"关"位置时，除霜装置不工作。

（2）将除霜开关拨至"自动"位置时，当后玻璃下缘所装传感器检测到冰霜达到一定厚度时，传感器电阻值急剧减小到某一设定值，控制器便控制继电器使电路接通，继电器触点闭合。于是，点火开关 IG 接线柱向电阻丝供电，同时仪表板上的指示灯（设在除霜开关旁边）点亮，指示除霜装置正在工作。随着玻璃上冰霜减少到某一程度后，传感器电阻值增大，控制器便将继电器电路切断，触点断开，指示灯熄灭，后窗电阻丝断电，除霜装置便停止工作。

（3）将除霜开关拨至"手动"位置时，继电器电磁线圈可经"手动"开关直接搭铁使除霜电路接通。

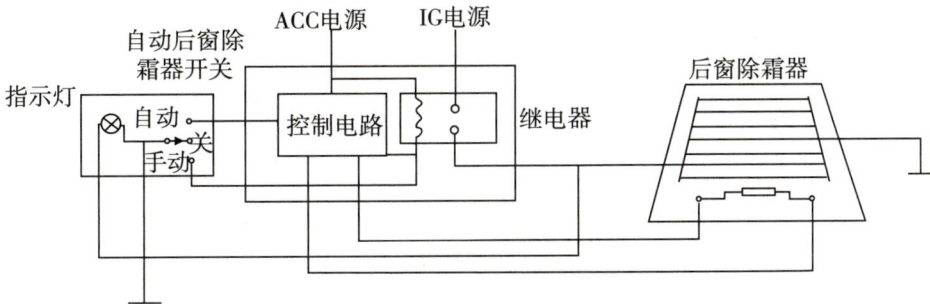

图 7-5-2　后车窗自动控制除霜装置原理图

参 考 文 献

[1]胡光辉.汽车电气设备构造与维修[M].2 版.北京:人民邮电出版社,2014.

[2]张军,安宗全.汽车电气系统故障诊断与维修[M].北京:高等教育出版社,2015.

[3]程章,杨柳青.车载网络系统检修[M].合肥:合肥工业大学出版社,2015.

[4]马书红,周丽红,陈月.汽车电气构造与维修[M].2 版.北京:北京理工大学出版社,2019.

[5]徐利强.新能源汽车辅助系统拆装与检测[M].北京:北京理工大学出版社,2020.

[6]赵振宁,黄鹏.汽车电气设备构造与维修[M].长春:东北师范大学出版社,2014.

[7]兰婷婷,黄龙进,黄爱培.汽车电气设备构造与维修一体化工作页[M].北京:电子工业出版社,2022.

[8]刘冬生,黄国平,黄华文.汽车电气设备构造与维修[M].2 版.北京:机械工业出版社,2022.

[9]王升平,胡胜,姚建平.汽车电气设备构造与维修[M].2 版.北京:机械工业出版社,2020.

[10]扈佩令,林治平.汽车电气设备构造与维修[M].北京:机械工业出版社,2009.

[11]周建平,悦中原.汽车电气设备构造与维修[M].4 版.北京:人民交通出版社股份有限公司,2021.

[12]金洪卫,陈昌建.汽车电气设备与维修[M].3 版.大连:大连理工大学出版社,2019.

[13]唐舒和.汽车电气设备构造与维护[M].重庆:重庆大学出版社,2019.